U0672671

美国总统演讲系列

KENNEDY SPEECH FORWARD-LOOKING NATIONAL ASPIRATION

肯尼迪演说

高瞻远瞩的国家强音

任宪宝◎编著

中国言实出版社

图书在版编目（CIP）数据

肯尼迪演说：高瞻远瞩的国家强音：汉英对照 / 任宪宝编．—北京：中国言实出版社，2014.7

ISBN 978-7-5171-0459-9

Ⅰ．①肯… Ⅱ．①任… Ⅲ．①英语—汉语—对照读物 ②肯尼迪，J.F.（1917～1963）—演讲—汇编 Ⅳ．①H319.4：D

中国版本图书馆CIP数据核字（2014）第162088号

责任编辑：陈昌财

出版发行 中国言实出版社

地　址：北京市朝阳区北苑路180号加利大厦5号楼105室

邮　编：100101

编辑部：北京市西城区百万庄路甲16号五层

邮　编：100037

电　话：64924853（总编室）　64924716（发行部）

网　址：www.zgyscbs.cn

E-mail：zgyscbs@263.com

经　销 新华书店

印　刷 北京市玖仁伟业印刷有限公司

版　次 2015年1月第1版　2015年1月第1次印刷

规　格 787毫米×1092毫米　1/16　15 印张

字　数 167千字

定　价 30.00元　ISBN 978-7-5171-0459-9

出版说明

自1776年《独立宣言》发表至今，美国建国已有两百三十多年。在这一历史阶段中，先后产生了四十四任总统。作为总统共和制国家的美国，其总统兼国家元首和政府首脑双重身份于一身，其在三权分立的国家政治架构中拥有极大的权力和影响力，在国家政治生活中拥有举足轻重的地位。正如美国第二十六任总统西奥多·罗斯福所说，美国总统是“国王和总理大臣的统一体”。

在美国，演讲是任何一个准备从政的人士必须具备的基本技能。无论地方议会议员、地方行政首脑还是美国联邦国会议员乃至美国总统，都是通过以演讲为基本形式的竞选活动产生的，这就决定了演讲这种活动在美国政治生活中的重大意义。而作为国家最高领导人的美国总统，他们的演讲往往在表明个人政治见解和基本立场、展露自身意志、品质和性格特点的同时，在某种程度上还代表了美国的制度设计与价值观念、反映了美国的文化背景与社会演变。他们的演讲大都是针对当时美国所面临的国内外重大问题，讨论国家内政外交政策的优劣得失，表明解决问题的态度，指出今后的施政方向，激励和动员美国人民克服困难、奋力前行。从美国总统的演讲中，我们可以看到他们对时代潮流的认识、把握和对国家意志的充分表达，可以看到他们的政治才华和不同的人格魅力，还可以看到美国在其国家发展所经历的一个又一个时代转折点上，怎样面对困难、迎接挑战、坚韧不拔，一步步走向成功与成熟。

美国总统的演讲事先大多经过了精心的准备，语言精炼、用词规范、措辞讲究、逻辑严密，不但文采斐然、优美动人，而且有的放矢、言之有物。同时，每个总统的演讲都具有鲜明的个性特色。有的晓之以理，发人深省；有的动之以情，感人肺腑；有的则充满思辨，促使人们对人生、社会乃至世界进行更深层次的思考。

《美国总统演讲系列》丛书，重点选取了美国自成立以来几位重要总统的演讲，其中既有他们的就职演讲、卸任演讲，也有他们在重大事件发生时发表的演讲以及针对一些特定案例向公众发表的演讲等。选取这些演讲，并不代表我们认同其所包含的思想倾向或价值取向，只是想帮助广大读者从这些演讲中，加深对美国国情、美国社会的了解。相信广大读者在对这些演讲进行欣赏的同时，一定会对其反映出的世界观、价值观等做出正确的分析和判断。

编　者

2014 年 5 月

前言

肯尼迪家族并不是美国本土居民，他们是爱尔兰移民的后裔。1848 年穷苦的爱尔兰人帕特里克·肯尼迪乘船漂洋过海来到美国的波士顿，在一家制桶厂工作。他的儿子帕特里克·约瑟夫经营的酒馆生意十分兴隆，随后开始涉足政治。竞选州议会议员成功后，娶了富有的酒店老板女儿玛丽为妻，生下了儿子约瑟夫·肯尼迪。

为了让孩子继承自己的政治抱负，帕特里克·约瑟夫让孩子接受最好的教育，他把儿子送进了哈佛大学。一从哈佛大学毕业，约瑟夫·肯尼迪选择了银行业作为生财的方向。在父亲的支持下，他成为一家银行的董事长，并自称是全美国最年轻的银行董事长。在积聚了几亿美元的资产后，约瑟夫开始留心政治活动。1937 年罗斯福任命他出任驻英国大使，这对一个爱尔兰天主教徒的后裔来说，是以前连想都不敢想的事。约瑟夫虽然精于赚钱，但是在政治上却很笨拙，当了不到三年的外交官就被召回国。

肯尼迪家族长久怀有一个梦想：总统之梦。这个家族中一定要有人成为美国《时代》封面的总统。有一次约瑟夫在教堂里祈祷时暗暗发誓："我已登上了财富的最高峰，我要让儿子登上权力的最高峰。"他们夫妇有9个孩子，在政治上有潜力的自然是4个男孩。这4个男孩分别是大儿子小约瑟夫·肯尼迪、二儿子约翰·肯尼迪、三儿子罗伯特·肯尼迪、四儿子爱德华·肯尼迪。在父亲的心目中，最有资格成为总统的是大儿子小约瑟夫。但是无情的战争打碎了他的如意算盘。在对德战争中，小约瑟夫参军成为飞行员，1944年奉命炸毁纳粹德国的V-1飞弹发射架。在执行任务时，他驾驶的飞机因故障在英国上空爆炸，他和副驾驶被炸得粉身碎骨。这是多灾多难的肯尼迪家族所遇到的第一个灾难。

在长子遇难后，家中的希望更多地寄托在二儿子约翰·肯尼迪身上。按照约翰·肯尼迪后来的说法："我的哥哥约瑟夫是家族中从政的当然人选。如果他活着，我会继续当作家。如果我死了，我弟弟会当参议员。如果他出事，我的另一个弟弟会为我们去竞选。"子承父业，弟承兄业，就像一幅前仆后继的从政序列图。

在第二次世界大战中，二儿子约翰·肯尼迪在与日军作战时，指挥的鱼雷艇被日本海军击沉，身负重伤逃到敌后荒岛，后来率领士兵归队。

约翰·肯尼迪29岁时竞选众议员获胜，连续任职三届。1960年1月肯尼迪宣布竞选总统，他的父亲约瑟夫拿出大量的金钱调动新闻界、出版界，狂轰滥炸般地宣传他的儿子。约翰·肯尼迪以微弱优势击败共和党候选人尼克松，成为美国历史上第二个年轻的总统（最年轻总统是第26任的西奥多·罗斯福，上任时年仅42岁），也是第一位信奉天主教的总统。在约翰·肯尼迪组阁时，老父亲让他把弟弟罗伯特安排到内阁中去，罗伯特如愿以偿地得到了司法部长一职。这是肯尼迪家族政治上的巅峰时刻。

约翰·肯尼迪政治上最大的成功是在1960年当选第三十五任美国总统。他执政1037天，任职开始就遇到美国入侵古巴遭受惨败的事件。1961年6月与苏联领导人赫鲁晓夫在维也纳会谈，以强硬态度对待苏联要与东德单独签订和约的威胁。1962年10月发现苏联在古巴设置导弹，他下令对古巴施行封锁，迫使苏联撤出导弹装置。10个月后，美、苏、英禁止核试验条约签字。肯尼迪组织拉丁美洲争取进步同盟与和平队。他提出的大量削减所得税的立法以及扩大人权的立法，却推迟到他死后才得以通过。美国的实力地位也遭到了严重的挑战。在他执政的1037天里，他大力改组白宫，扩大总统权力，并重用一批学者、教授、智囊人物协助他制订新的美国全球总战略和重要的内外政策。他大幅度增加军费预算，以确保美国在核军备、空间竞赛和非核武器方面的对苏全面优势。在1962年10月举世瞩目的古巴导弹危机中，他又顶回了赫鲁晓夫的恫吓讹诈，在这场苏美军事对抗中占了上风。在国内他以强硬的手腕压住了美国大公司的钢铁涨价，实行赤字预算和减税等财政措施，使美国经济一度出现了较明显的回升。肯尼迪以“新边疆”开拓者的姿态进入白宫，煞费苦心地力挽颓势，最后在错综复杂的斗争中遇刺身亡。他执政的时间虽然不长，但他的战略策略思想在美国的政治生活中却有着重要的影响。

在国会里，他对内重视社会救济和平民福利，对外反对共产主义，支持冷战。1953年他进入参议院，正值麦卡锡反共运动盛行之时，大批联邦公务人员以同情共产党的罪名遭到清洗，肯尼迪对此并无异议。1956年出版《勇敢者传略》一书，获得普利策奖。20世纪50年代后期任参议院外交委员会委员，力主扩大援助非洲和新独立国家。他的政治观点逐渐左移，在民主党内的声望也逐步提高。

1963年11月已经就任三年的肯尼迪在内政和外交上表现杰出。他不仅成功处理了上任之初一直困扰美国政府的“古巴导弹危机”、“柏林危机”，缓和了紧张对峙的美苏关系，而且他对国民采取的温和扶助的政策深得民心，也因此赢得了越来越多美国人的爱戴和支持。面临1964年的新一届总统大选，肯尼迪为了帮助所在的民主党开展竞选活动募集资金，并为谋求连任做准备工作，计划了达拉斯之行。

为了让热情的达拉斯市民一睹总统夫妇的风采，肯尼迪所乘的林肯轿车没有安装防弹罩，市民如愿以偿地看到了他们心中的总统，却也将他无情地暴露在了暗杀者的枪口之下。中午12点，总统车队以每小时15公里的缓慢速度驶入达拉斯市，市民对总统的到来表现出极高的热情。总统车队先由迪利广场入口进入休斯敦大街，接着左转行至埃尔姆大街，12点30分30秒，正当肯尼迪和妻子杰奎琳向市民频频挥手致意的瞬间，一颗急速飞至的子弹深深嵌入了肯尼迪的喉咙，紧接着致命的第二颗子弹击中了肯尼迪的后脑，顿时脑浆四溅，鲜血流满全身。

几分钟之后，肯尼迪便躺在了手术台上，但由于伤势过重，最终于美国中部时间13点抢救无效而亡。另据为肯尼迪做最后仪式的牧师透露，很有可能在去往医院的路上总统就已经死了。

杀害肯尼迪的凶手名为李·哈维·奥斯瓦尔德，是教科书仓库大厦的一名员工。达拉斯警方在刺杀事件发生80分钟后，在一家电影院里将其逮捕归案。枪杀事件不久，警方在教科书仓库大楼六层发现了一支6.5mm×52mm的意大利产卡尔卡诺M91/38手动来复枪，外加一颗军火序列号为C2788的子弹。它与刺杀现场发现的子弹类型相同，且枪上粘有奥斯瓦尔德的部分指纹。凶手当天晚间即被转至警察总署接受审讯，然而就在审讯后的第三天，奥斯瓦尔德竟在有70名警务人员押送的情况下，被一个名叫杰克·卢比的夜总会老板枪杀在警察总署门前。在刺杀事件发生7天之后，由继任总统约翰逊任命的调查谋杀事件的沃伦委员会成立了。10个月之后，委员会呈上了一份近20万字的调查报告，得出的结论称："暗杀总统纯属奥斯瓦尔德的个人行为，没有发现任何证据证明有人帮助奥斯瓦尔德制定谋杀计划或组织其实现。"

到此为止，肯尼迪遇刺案仿佛已经真相大白，然而，沃伦的调查报告并未让众人信服，事实上这起谋杀事件中的重重疑点，引起了越来越多人的广泛猜测。一个后来成立的官方调查委员会众议院遇刺案特派委员会，从1976年到1979年再次对总统遇刺案进行了详细的调查取证。并得出结论认为："奥斯瓦尔德刺杀肯尼迪绝不是个人行为，甚至奥斯瓦尔德的凶手身份都有待于进一步证实。"

对于总统车队在达拉斯的行车路线约翰逊等人也作了周密安排。原本行车路线应由民主党官员确定，而这一次却是由州长康纳利制定的。这样一来就难怪在第一次呈送给白宫的行车途中，对到埃尔姆大街要拐弯之事只字未提了。而正是拐弯限制了行车速度，从而使子弹命中的可能性提高。此外，总统车队周围的安排也发生了“巧妙”变动。护送总统座车的摩托车护卫队被削减了一半，原本安排在总统汽车前面的新闻记者被放在了最后，以致在事件发生时竟没有一位新闻记者能及时拍摄下遇刺场面。另外还有一个重要破绽，从一个摄影爱好者拍摄的胶片中可以看出，枪响前几秒，约翰逊保镖的车门已经打开了，此举是为了提前下车保护约翰逊。而在肯尼迪尸骨未寒之时，约翰逊就在飞机上匆匆宣誓就职，也多少显示出了他的不安和急不可待，尽管前第一夫人就站在他的身边，衣袖上沾着肯尼迪温热的鲜血。

肯尼迪遇刺身亡后，约翰逊春风得意如愿以偿地当上了美国总统。他控制着对整桩案件的调查，亲自任命的沃伦委员会就是为他及其帮凶开罪服务的。案发后不久，约翰逊就下达了清洗敞篷汽车的命令。接着，他委派他的亲信将康纳利州长带血的衣服取回洗净（康纳利因与肯尼迪同乘一车而受伤），并再次下令销毁物证。肯尼迪乘坐的敞篷车一直在白宫警卫的看管下，留着弹痕的挡风玻璃于11月25日就已被更换。此后他又命人对肯尼迪尸体解剖鉴定作了修改，捏造了X光片。然而他的政绩和他的名声一样糟糕，因为正是在他的倡导下，美国全面深化了那场臭名昭著的越南战争。

肯尼迪普遍被美国民众视为美国历史上最杰出的总统之一，他同时位列“美国十大文化偶像”之首。

在美国学者麦克·哈特所著的《影响人类历史进程的100名人排行榜》，肯尼迪名列第81位。书中指出，肯尼迪被收入此排行榜的原因只有一个，即他是制定阿波罗计划的主要负责人。并断言，在未来5000年里，人类的登月之行将是最重要的事件，是人类历史的一个里程碑。

另据美国民意调查机构盖洛普 2010 年 10 月 7 日公布的最新民调显示，在美国近 50 年历届总统中，对肯尼迪的评价最高，位居榜首，受到高达 85% 受访美国民众的肯定，为近 50 年来受到民众评价最高的总统。这位有着高瞻远瞩眼光的总统带领美国不断前行，走到了世界的前列。

目 录
Contents

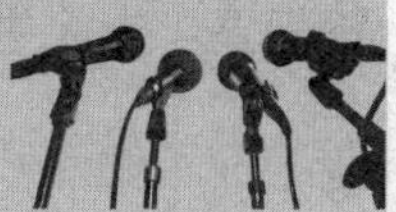

第一章

强者公正，弱者安全

第一节 背景介绍

肯尼迪是美国民主党党员，在肯尼迪上台之前，共和党已成功执政四年，如果共和党连续接任总统职位，对每一个民主党人士来说都是一个灾难。作为一个公民，肯尼迪为自己国家的趋向感到担心。作为一个政治家和公仆，他像许多人那样，渴望登上合众国总统这一职业顶峰。作为国会两院的成员，他日益认识到两院所掌握的改进国家和社会的权力是多么有限。

总统的职位并不是肯尼迪的政治梦想。1956 年年初，约翰·肯尼迪对总统这个职位还没有明确的意图时，他曾对一个新闻记者说，“我料想凡是搞政治的人都想当总统。”“担子是沉重的，这个职位总要有人去干的。我是考虑去担任这个职务的四五名候选人之一。我认为我能胜任这个职务，我是以这样的认识来争取它的。”他想当总统无非就是这个因素，正如他在 1960 年经常说的，“这个职位是行动的中心，是美国制度的主要动力和力量源泉”1962 年肯尼迪说，“你至少有机会对好些问题能有所作为，对这些问题，我作为一个父亲或者一个公民，都会十分关心的……而且，如果你的所作所为是有益而成功的话，那么这本身就是一件极大的快事。”

虽然他生来富有，而且花钱毫不在意，但他对积累更多的金钱却没有特别的兴趣。他同那些对旁人的需要漠不关心的富翁们没有共同之处。他投票时有一贯的主张，不顾自己的（以及他父亲的）经济利益——例如在石油和煤气问题上。他的父亲也从不强制他或是他们弟兄中的任何一个继承自己的金融事业。

这位参议员除了使用一般的表和领带别针外，从不戴戒指或佩上钻石的领带别针以及任何其他珠宝饰物。所有他的政府薪金——作为国会议员、参议员和总统都捐献给慈善事业，约计五十万美元。他的竞选运动虽然花钱很多，却总避免那种可能被指责为炫耀金钱的铺张浪费（诸如广告牌、报刊上的整版广告或者电视广告节目等）。但他对于父亲的财富使他能担任公职而不需要在经济上依靠一些有势力的压力集团这一点并不感到羞愧。相反，他把自己的幸运当作是一种义务：“被上帝赏赐了很多东西的人就有必要做很多的事情。”他还请他的妻子把艾伯特·爱因斯坦的这段话保存在他的文件夹里。

“我每天一再提醒自己，我的精神生活和物质生活都依赖别人——活着的人和死去的人的辛勤劳动。因此我必须竭尽全力，以便给予别人以等量的东西。”

肯尼迪喜欢波士顿，波士顿也喜欢肯尼迪，但是他并不止是一个波士顿人。他诞生在波士顿郊区的布鲁克莱因。在他的个性逐渐形成的时期，他生活在纽约的布朗克思维尔。他父亲将全家搬到那里去，因为他认为一个爱尔兰天主教徒商人及其子女在波士顿是没有多大发展机会的。1946 年，肯尼迪初次参加竞选时，还是一个羞怯瘦弱的二十八岁众议员候选人。他在波士顿那个难弄的第十一选区竞选，因为众议员詹姆斯·迈克尔·柯利就要退休了。

作为马萨诸塞州的参议员，他并不坚持他工作班子的成员一定要来自他们为之服务和研究的那个州。事实上，他倒宁愿不要马萨诸塞人。他说："这样，如果他们工作不得力，我可以不受任何政治上的压力或义务来留用他们。"然而他的新英格兰经济问题的助手是来自内布拉斯加州的，这一点他也觉得好笑。有一次，当下属代表他去出席马萨诸塞州商人的一次宴会时，他说，如果有人问我是什么地方的人，就告诉他们我是来自西海恩尼斯港的，因为宴会上不会有那个地方的人。

他是最传统的那种自由派，思想不受拘束的自由人。他承认他进入国会时只懂得很少的或者根本不懂政治哲学。许多"职业自由派"的放肆态度使他感到不愉快。正如他所说的那样，他并不反对一般人认为的那种自由派的信条。"我希望我在一般意义上也属于自由派，但我们对那些教条主义的自由派都有意见。……保守派这个字眼有许多含义，我不希望同它划等号。对我更为确切的字眼是克制。我认识许多政治上的保守派，我同他们无共同之处。"

肯尼迪曾看到许多献身政治生涯的左派和右派的人，他们的观点都是僵硬的和固执的，他们对各自政治领袖的主张如鹦鹉学舌一样毫不加以思考或者重行检查。适成对照的是，他则自行投票并不受任何其他参议员或参议员集团，以及任何个别的私人和集团意愿的约束。

1960年他在对纽约自由党的演说中，对自己的政治信条作了最正式的陈述。

我相信，作为国家目的的根源在于人类的尊严，作为国家行动的根源在于人类的自由，作为国家同情心的根源在于人类的感情，作为我们的发明和思想的根源在于人类的思考。”

“……自由主义……对人的才能的信心……理智和判断……是今天世界上我们最良好的，也是唯一的希望。”

他谈这些话也相信这些活，但他并没有写下来，当然也没有用这样的措辞谈论哲学上的观点。他通常采用较为简单的方式来概括他的政治立场。

一个具有几分克制感的北方民主党人。

一个凭自己的良心来为国家谋求利益的温和的民主党人。

一个讲求实际的自由派，一个实用主义的自由派。

当有人问到他希望成为哪一种类型的总统，自由派还是保守派时，他回答说：“我希望做一个负责任的总统。”或许他的妻子对他作了最好的概括：“一个没有幻想的理想主义者。”

作为参议员、总统候选人和总统，他处事的衡量标准是：行得通吗？于事有补吗？他能以惊人的速度来掌握一个复杂问题的本质。同时，他的天性永远站在问题进步的一面，但他天生的小心谨慎，要求他以证据和经验来检验他的直觉。这种对于有成功可能性的事物强调现实主义的态度，使许多批评他的人和评论家把他描绘成实用主义者。他确实是个实用主义者，但他也兼具唯心主义和乐观主义的强烈气息。每一天发生的令人失望的事提醒他，他生活在一个不完美的世界里，但这并不使他惊异或沮丧。他是如此关心世界的未来，以致永远不会对现状感到满足。的确，他在竞选时期和在白宫的岁月里，他对这个国家和这个星球的情况的分析一贯是以这几个字开始的："我不满足于……。"

肯尼迪的父亲一直都希望自己的家族显赫于政坛，他告诫肯尼迪说："总统职位之艰难繁忙，可能使它成为世界上最坏的工作。"肯尼迪回答说："这些问题总还是得由人来解决的。"他知道这个职位的职责往往遭到苛求，并必须独力承担。可是，他对于自己的判断力和勇气，对公共事务的学识，对于自己在参众两院的多年经验，在世界各地旅行的经历，以及在他同美国和许多其他国家政府首脑的交谈中都体现了自信心。

曾经的总统都有着非凡的阅历与非天主教的正统信仰。肯尼迪清楚的认识到自己的年轻、天主教的信仰、大多数党内领导的不支持，都表明他无法在 1960 年有把握地竞选总统。事实上，肯尼迪觉得这件事本身就是一种前所未有的政治能力的表现。更重要的是，历史上只有一位天主教徒竞选过总统——阿尔·史密斯，并且他惨败在赫伯特·胡佛的手下。

他投身政治有着错综复杂的原因。他常嘲笑那些杂志撰稿人，因为他们总根据某一个心理上的动机来解释他的经历。例如为了在父亲面前表现一下自己，为了能胜过去世的哥哥，为了维护家里的一个老传统，或者为了成为爱尔兰人的复仇工具。事实上，他在青年时代曾经认为，只要他哥哥乔渴望踏入政界，政治就没有他的份，因为乔身体比较强健，性格比较外向，更符合于马萨诸塞州政界人物的传统形象。他曾考虑当律师、新闻记者、历史学或政治学教授，或者当个外交官员。但在乔死后，他进入了政治舞台。

肯尼迪知道他要参加竞选，而不仅是做一个旁观者。他在许多方面都是一个老式的爱国主义者——不是一个狭隘的民族主义者，而是一个忠于国家利益的爱国主义者。他对许多国家的政治和经济制度作了比较，认为自己国家的制度比其他国家的要好得多。他和巴肯抱有同样的信念，即“民主政治基本上是思想的态度问题，是一种精神上的信条”，同时“政治仍然是最伟大、最光荣的冒险事业”。

尽管存在多种不利因素，肯尼迪依然决定接受挑战，1960年大选中肯尼迪明确宣布他要竞选美国总统。肯尼迪在马萨诸塞州成功连任参议员，以及自1956年民主党代表大会以来在全国范围内越来越大的知名度，使他成了许多人心目中1960年总统竞选最有吸引力的候选人。他的活力被看作是应对苏联挑战、经济萧条、种族隔离和“杂乱无章的美国生活”的优势。1957年，全美各地邀请他进行演讲的邀请函多达2500多份，而他同意在47个州做144场演说，平均两天一场。1958年初，他每星期收到的此类邀请函平均达100份。民主党在48个州的领导人大多表示肯尼迪很有可能参加竞选。1956年民主党代表大会的1220名代表中有409人支持肯尼迪参加1960年总统竞选。在对肯尼迪有所认识的所有潜在选民里，有64%的人相信他具有当总统的背景和经验。

在准备竞选的过程中，肯尼迪对自己的竞争对手是这样评价的。他认为约翰逊最有才干，而赛明顿则是各派最可能一致接受的人选。他对他们两个都有好感，都很尊重。对史蒂文森和汉弗莱也是如此。不过曾经两度担任党的旗手的史蒂文森却直截了当地说，他不想再竞选了。而且肯尼迪还客观地认为他自己获得提名、当选并领导这个国家渡过一个危险时期的能力是超过所有这四个人的。

肯尼迪对尼克松本人的优势有着精辟而深邃的见解。在这位参议员看来，共和党的候选人也不是不能击败的。他于 1957 年写道："理查德·尼克松将是一位"顽强、老练、精明的对手……想打败尼克松先生，要采取比谩骂性的声明——就是他在乘车参加 1961 年总统就职游行时可以看到的那类声明更进一步的手段。" 但是他觉得尼克松志大才疏，其演说的风度和过去的历史都不足以在选民中激发起信心。

他对自身的客观认识常常让人觉得吃惊不已，他对自己的不利条件如同对自己的有利条件一样地客观。不但如此，他还会客观的列举出来。他知道从来没有一个天主教徒曾经当选为美国总统，因为在美国的教徒中基督教新教徒占有二比一以上的多数；从来没有一个四十三岁的人曾经当选为总统。且特别为了这些原因，他的党不大可能会选中他。另一方面，他知道他的宗教信仰和年轻的外表虽然为某些人所不信任，却也使他同大多数政客有所区别，并有助于吸引一批坚定的拥护者。

只有当人们不知道未来的发展时，才会勇敢的向前走。假如他能获得保证，他可以在将来任何一年被提名为民主党总统候选人，那么他也许不会选中 1960 年竞选总统。再等 8 年或 12 年年龄上的障碍就会消除，宗教上的障碍也会有所缓和，并且可能使共和党人有所削弱。但是他没有获得这种保证，因而在这方面没有选择的余地。当时的形势、事态和他自身的竞争本能，促使他在 1960 年参加逐鹿。而且他一旦下定了决心，便感到就要在 1960 年，否则永不再参加竞选。许多人——专栏作家、竞争对手、朋友和素不相识的人都劝他等一等，暂时安居第二位。

1960 年年初的一天，当他在威斯康星州欧克莱尔市的街上进行竞选活动时，同他握手的一个老妇人说：“现在还没到时候，小伙子，现在还太早，还太早。”他和颜悦色几乎是逗趣地回答道：“不，大娘，是时候啦。现在正是时候。”于是她含笑地离开了他，说了一句：“愿上帝保佑你。”

为了增强自己的认知度，肯尼迪旅行、写文章、宣传以及对劳工改革所进行的斗争，使人们日益注意到他的品质，反映在全国和少数民意测验中，肯尼迪的实力在不断地增长。不管是同其他的民主党候选人，还是同两个有希望的共和党候选人进行较量，他在比赛中总是名列前茅。民主党的其他候选人只不过在本地区显示出了实力，而肯尼迪则在所有地区都显示出了实力。

他对自己接受的高等教育很自负，但并不认为所有的智慧都集中在哈佛或东部的其他学校。他以总统的身份接受耶鲁大学的名誉学位时曾经说：“现在我已获得教育领域内两样最好的东西——耶鲁的学位和哈佛的教育。”同时，他对被选入哈佛大学校董会感到很光荣，因为很少有天主教徒曾被选入。1955 年他未被选入校董会，对一个习惯于胜利的人来说，是一个令人失望的新经历。不过他在选择他的参议院和白宫的助手时，并不考虑他们是在哪里接受的教育。他认识到自己的名牌大学出身并不总是一笔政治资本。

不断地努力得到了民众很好的反映效果。从 1957 年到 1959 年，凡是私下和公开举办的民意测验都使肯尼迪越来越宽心，而使他的对手越来越泄气。“竞选中的领先者”总有一些不利之处，批评参议员的人变得更加公开更加无忌了，他们对他的一字一句都加以政治性的解释。共和党政府在两天的时间内，对它以前似乎赞成的三项肯尼迪的提案突然转持反对态度。这三项提案分别是对印度的援助，同波兰的经济关系以及劳工改革。老资格的政界人士告诫他说，他动手动得太早了，逼得太紧了，这样会使自己的精力耗尽的。还有人建议他不要再到马萨诸塞州以外去发表演说。不止一个专栏作家说，从肯尼迪的年龄和政治的成熟来看，他在 1960 年竞选总统时机还未到，最好还是“放慢下来”。公共关系专家们也告诫他，不要在新闻界过于出头露面。

肯尼迪听取了专家们的建议，严格地压缩自己外出演说的次数，以便专注于参议员的本职工作和他在马萨诸塞州的再次竞选。他还设法限定了自己在全国电视上露面的次数，并把宣传的重心从宣传他的家庭和本人转向宣传他的信念和成就。不过他对于“不要过早动手”这句至理名言却抱怀疑态度。

肯尼迪连轴转的竞选安排，让人们打消了对他健康的一切怀疑，有助于选民不去在意他不够成熟的外表，强调了他的品质而不是他的宗教信仰，还产生了一种其他候选者无法阻挡并且望尘莫及的势头。肯尼迪深知一个具有他这种不利条件的候选人，在竞选中必须领先并早日赢得胜利，否则干脆放弃竞选。那年夏天，另一位友人说，看来只要他提出，副总统一职就可以是他的。他笑着回答道：“我们不要老是谈论副职了。我对任何形式的副职都反对。”

肯尼迪通过多渠道的努力取得了广泛的支持，民主党人在总统候选人提名中，肯尼迪列在林登·约翰逊、阿德莱·史蒂文森和密苏里州参议员斯图尔特·塞明顿之后。有些民主党人，包括其他有希望获得提名的人在内，希望有个天主教徒当副总统候选人，这样既可以获得天主教徒的支持，又不至于失去反天主教人士的支持，关于副总统的议论就是由他们掀起来的。肯尼迪并没有接受这一建议，他曾说过："我没有兴趣竞争副总统，我的兴趣是竞选总统。如果我要当选总统，我就会在1960年成功。如果这次不成功，那么我可能要再等上8年，那时会出现一些新面孔，而我就会靠边站。"

著名美国新闻评论家和作家沃尔特·李普曼把宗教问题称为是"肯尼迪参议员所引起的问题"，他建议把肯尼迪放在候选人名单上的第二位作为解决办法。据说有个重要的耶稣会知识分子曾经评论说："情况一向是如此。天主教徒做一名董事很不错，可是做董事长就不妥了。"

1960年1月2日，肯尼迪在参议院秘密会议厅里向300名支持者正式宣布竞选总统。4月5日，在威斯康星州的初选中，肯尼迪获得了56.5%的支持率，总计476024张选票，为该州57年来在初选中候选人获得最多的票数。而且肯尼迪在10个地区中赢得了6个地区的多数票，从而赢得了该州60%的大会代表。5月10日，肯尼迪在西弗吉尼亚州取得了60.8%:39.2%的压倒性胜利，战胜了休伯特·汉弗莱。此后10天内，肯尼迪又在马里兰州以70%:17%击败了韦恩·莫尔斯。在俄勒冈州以51%:32%取胜。此时，肯尼迪已经是第七次大获全胜，打通了总统候选人提名的道路。但形势并不就此一片乐观。林登·约翰逊于6月5日宣布参加总统竞选，并就麦卡锡问题等话题公开抨击肯尼迪。7月13日，在民主党全国代表大会上，肯尼迪获得了民主党总统候选人的提名，尽管林登·约翰逊在这之前对他进行过中伤，但肯尼迪仍然邀请他加入竞选队伍，成为副总统候选人。

肯尼迪的天主教徒身份一直被认为是否能公正履行总统职务的一大疑问。就这一问题，肯尼迪于 1960 年 9 月 12 日，在德克萨斯州休斯顿对一群新教牧师进行的一次公开演说中做出了明确答复："我不是天主教的总统候选人，我是民主党的候选人，只是恰好还是个天主教徒。在公共事务上我不是代表我的教派。教派也不代表我。"在这次演说中，他还强调相比于宗教信仰，1960 年的大选中还有很多更加关键的问题。因为战争、饥饿、愚昧和绝望是没有宗教界限的，并且恳求用宗教的宽容心服务于国家的安康。这次演说暂时抑制住了围绕宗教问题的喧嚣声。

他并不认为所有的美德都集中在天主教教会，也不认为所有非天主教教徒都要（或都应该）下地狱。他对自己的宗教既不感到尴尬，也不感到了不起，只是把它当做生活的一部分来看待。他对早些时候的一个传记作者试图把他说成不是虔诚地信奉宗教的人感到不愉快。他每个星期日虔诚地参加弥撒，甚至在疲劳的外州旅途中，没有一个选民知道他是否去做弥撒时他也去。但在十一年中，他从未透露过他个人对于人类同上帝的关系的看法，尽管他曾讨论过政教关系的问题。

他的工作班子里并不需要也不优先录用天主教徒。他既不了解也不在意工作人员的宗教信仰。他的许多亲密朋友并非天主教徒。他虽然是一个天主教徒又是一个学者，但并不能被称为一个天主教学者。他对神学毫无兴趣，演说稿中到处点缀着新教版本《圣经》的引文。有一次，他使他的妻子又吃惊又好笑，因为在他读了传道书中自己喜好的一段文字（"……哭有时，笑有时；哀恸有时，跳舞有时……"）之后，他竟然大不敬地自己添了几句政界常说的话：

“全力以赴有时，干脆不干有时。”人们从未听见他在人前高声祈祷，从未看到他吻一个主教的戒指，也从未听说他曾为了政治上的方便而改变其宗教习惯。

他说：“波士顿有句老话，‘我们的宗教来自罗马，我们的政见则出自本土。’”他对天主教统治集团并不敬畏，对政教分离的明智性也是完全同意的。1959年，他说：“赞成政教分离和做一个虔诚的天主教徒两者之间一点也不矛盾，恰恰相反，我并不认为做一个天主教徒和履行宪法义务两者之间有任何矛盾。”他在一所天主教女子学校答复别人的询问时曾说：“承认赤色中国不是一个道德上的问题。”有个神父听到他这句话感到很恼火就问他道：“肯尼迪参议员，你不相信所有的法律都是上帝制订的吗？”参议员立刻回击他说：“我是一个天主教徒，我当然相信，不过这同国际法没有什么关系。”

1960年9月26日晚，在芝加哥的CBS演播室里，肯尼迪与自己的竞选对手，已经在艾森豪威尔内阁中当了8年副总统，与赫鲁晓夫进行过厨房辩论的共和党总统候选人理查德·尼克松面对大约7000万电视观众进行了美国历史上第一次的总统候选人电视辩论。在电视辩论中，肯尼迪通过向美国民众直接宣讲自己的开场白获得了初期优势。尼克松则利用介绍和总结的机会突出自己和肯尼迪的不同之处。肯尼迪给人的印象是一个打算应对国家最大问题的领导人，尼克松给选民的印象则是试图在一个政敌面前占据上风的人物。尼克松的语言很有节制，但相比于肯尼迪却缺乏政治家应有的风度，进一步强化了许多人对他在过去竞选众议员、参议员和副总统时留下的负面印象。大多数通过收音机收听辩论的民众认为尼克松在辩论中占据了上风，但事实恰好相反，所有在现场和电视机前的观众都看出来肯尼迪占据了上风，他看上去更加轻松，更有自制力。而镜头前的尼克松却显出害怕的样子，脸色阴沉憔悴，脸上的剃须粉被汗水冲出音乐的沟痕。在浅灰色的舞台背景灯光下，身穿浅灰色西服的尼克松淡化成了一个模糊的人影，而肯尼迪的深色西服却在光线反差中显得十分欢快。此后，肯尼迪和尼克松又进行了三次电视辩论。电视这种新媒体在政治中首次成为了重要的宣传工具。

在 1960 年 11 月 8 日举行的大选中，肯尼迪以极其微弱的优势战胜了尼克松。当天夜里，虽然根据已经统计出的选票情况表明，肯尼迪可以充分肯定自己已经获得了胜利，但由于在宾夕法尼亚州、密苏里州、伊利诺伊州、明尼苏达州、密歇根州和加利福尼亚州的数字十分接近，无法做出决断，因此他拒绝宣布获胜。

第二天上午他起床后，获知已经赢得了这六个州的胜利。事实上，加利福尼亚州还在混战之中。并且最终倒向了尼克松，但这已经无关大局。直到中午，最终结果传来之后，他才肯定取得了胜利。尼克松的新闻秘书发表了承认失败的声明后，肯尼迪才同意以当选总统的身份与媒体见面。

在总计 6883.7 万张选票中，肯尼迪的优势极其微弱只有 118574 票。尼克松的支持者几乎在选举结果揭晓的同时指责说，肯尼迪取胜的原因是伊利诺伊州和德克萨斯州的选票欺诈行为所致。但这种指责无法得到证实。而且尼克松公开采取高姿态，拒绝置疑选举结果。

1960 年肯尼迪当选为美国总统，成为美国历史上最年轻的当选总统，也是美国历史上唯一信奉罗马天主教的总统和唯一获得普利策奖的总统。

肯尼迪之所以能够获胜是有诸多原因的，但主要的原因在于：

大选年出现的经济萎缩。

民众对美国失去应对苏联威胁的能力的担忧。

肯尼迪的个人魅力和尼克松在电视辩论中的欠佳表现。

林登·约翰逊在赢得南方七个州（亚拉巴马州、阿肯色州、佐治亚州、路易斯安那州、北卡罗莱纳州、南卡罗莱纳州、德克萨斯州）方面提供的帮助。

民主党内部的团结一致和强有力的支持。

黑人选民的大力支持。

少数民族选民的大力支持，特别是天主教徒，但远非仅限天主教徒的支持（尤其体现在纽约、布法罗、芝加哥、纽瓦克、费城、匹兹堡等大城市）。

尼克松在竞选过程中提出的不明智的允诺。

第二节 肯尼迪参加总统竞选的演讲

We observe today not a victory of party, but a celebration of freedom—symbolizing an end, as well as a beginning—signifying renewal, as well as change. For I have sworn before you and Almighty God the same solemn oath our forebears prescribed nearly a century and three-quarters ago.

The world is very different now. For man holds in his mortal hands the power to abolish all forms of human poverty and all forms of human life. And yet the same revolutionary beliefs for which our forebears fought are still at issue around the globe—the belief that the rights of man come not from the generosity of the state, but from the hand of God.

We dare not forget today that we are the heirs of that first revolution. Let the word go forth from this time and place, to friend and foe alike, that the torch has been passed to a new generation of Americans—born in this century, tempered by war, disciplined by a hard and bitter peace, proud of our ancient heritage, and unwilling to witness or permit the slow undoing of those human rights to which this nation has always been committed, and to which we are committed today at home and around the world.

Let every nation know, whether it wishes us well or ill, that we shall pay any price, bear any burden, meet any hardship, support any friend, oppose any foe, to assure the survival and the success of liberty.

This much we pledge—and more.

To those old allies whose cultural and spiritual origins we share, we pledge the loyalty of faithful friends. United there is little we cannot do in a host of cooperative ventures. Divided there is little we can do—for we dare not meet a powerful challenge at odds and split asunder.

To those new states whom we welcome to the ranks of the free, we pledge our word that one form of colonial control shall not have passed away merely to be replaced by a far more iron tyranny. We shall not always expect to find them supporting our view. But we shall always hope to find them strongly supporting their own freedom—and to remember that, in the past, those who foolishly sought power by riding the back of the tiger ended up inside.

To those people in the huts and villages of half the globe struggling to break the bonds of mass misery, we pledge our best efforts to help them help themselves, for whatever period is required—not because the Communists may be doing it, not because we seek their votes, but because it is right. If a free society cannot help the many who are poor, it cannot save the few who are rich.

To our sister republics south of our border, we offer a special pledge: to convert our good words into good deeds, in a new alliance for progress, to assist free men and free governments in casting off the chains of poverty. But this peaceful revolution of hope cannot become the prey of hostile powers. Let all our neighbors know that we shall join with them to oppose aggression or subversion anywhere in the Americas. And let every other power know that this hemisphere intends to remain the master of its own house.

To that world assembly of sovereign states, the United Nations, our last best hope in an age where the instruments of war have far outpaced the instruments of peace, we renew our pledge of support—to prevent it from becoming merely a forum for invective, to strengthen its shield of the new and the weak, and to enlarge the area in which its writ may run.

Finally, to those nations who would make themselves our adversary, we offer not a pledge but a request: that both sides begin anew the quest for peace, before the dark powers of destruction unleashed by science engulf all humanity in planned or accidental self-destruction.

We dare not tempt them with weakness. For only when our arms are sufficient beyond doubt can we be certain beyond doubt that they will never be employed.

But neither can two great and powerful groups of nations take comfort from our present course—both sides overburdened by the cost of modern weapons, both rightly alarmed by the steady spread of the deadly atom, yet both racing to alter that uncertain balance of terror that stays the hand of mankind's final war.

So let us begin anew—remembering on both sides that civility is not a sign of weakness, and sincerity is always subject to proof. Let us never negotiate out of fear, but let us never fear to negotiate.

Let both sides explore what problems unite us instead of belaboring those problems which divide us.

Let both sides, for the first time, formulate serious and precise proposals for the inspection and control of arms, and bring the absolute power to destroy other nations under the absolute control of all nations.

Let both sides seek to invoke the wonders of science instead of its terrors. Together let us explore the stars, conquer the deserts, eradicate disease, tap the ocean depths, and encourage the arts and commerce.

Let both sides unite to heed, in all corners of the earth, the command of Isaiah—to "undo the heavy burdens, and let the oppressed go free.

And, if a beachhead of cooperation may push back the jungle of suspicion, let both sides join in creating a new endeavor—not a new balance of power, but a new world of law—where the strong are just, and the weak secure, and the peace preserved.

All this will not be finished in the first one hundred days. Nor will it be finished in the first one thousand days; nor in the life of this Administration; nor even perhaps in our lifetime on this planet. But let us begin.

In your hands, my fellow citizens, more than mine, will rest the final success or failure of our course. Since this country was founded, each generation of Americans has been summoned to give testimony to its national loyalty. The graves of young Americans who answered the call to service surround the globe.

Now the trumpet summons us again—not as a call to bear arms, though arms we need—not as a call to battle, though embattled we are—but a call to bear the burden of a long twilight struggle, year in and year out, "rejoicing in hope; patient in tribulation," a struggle against the common enemies of man: tyranny, poverty, disease, and war itself.

Can we forge against these enemies a grand and global alliance, North and South, East and West, that can assure a more fruitful life for all mankind? Will you join in that historic effort?

In the long history of the world, only a few generations have been granted the role of defending freedom in its hour of maximum danger. I do not shrink from this responsibility—I welcome it. I do not believe that any of us would exchange places with any other people or any other generation. The energy, the faith, the devotion which we bring to this endeavor will light our country and all who serve it. And the glow from that fire can truly light the world.

And so, my fellow Americans, ask not what your country can do for you; ask what you can do for your country.

My fellow citizens of the world, ask not what America will do for you, but what together we can do for the freedom of man.

Finally, whether you are citizens of America or citizens of the world, ask of us here the same high standards of strength and sacrifice which we ask of you. With a good conscience our only sure reward, with history the final judge of our deeds, let us go forth to lead the land we love, asking His blessing and His help, but knowing that here on earth God's work must truly be our own.

今天我们庆祝的不仅仅是政党的胜利，更是自由的胜利。今天象征着一个结束，也象征着一个开始；今天意味着延续，也意味着变革。因为我已在你们和全能的上帝面前，宣读了我们的先辈在170多年前拟定的庄严誓言。

现在的世界已大不相同了。人类掌握着既能消灭世间的一切贫困，又能毁灭世间的一切生活的力量。但我们的先辈为之奋斗的革命信念，在世界各地仍然备受争论。这个信念就是人的权利并非来自国家的慷慨，而是来自上天的恩赐。

至今，我们仍不敢忘记我们是第一次革命的继承者。让我们的朋友和敌人都听到我此时此地的讲话：火炬已经传给新一代美国人。这一代人在本世纪诞生，在战争中受过锻炼，在艰难困苦的和平时期受过陶冶。他们为我国悠久的传统感到自豪，他们不愿目睹或听任我国一向保证的，今天仍在国内外做出保证的人权渐趋毁灭。

让每个国家都知道，不论它希望我们繁荣，还是希望我们衰落。为确保自由的存在和自由的胜利，我们将付出任何代价，承受任何负担，克服任何艰难，支持任何朋友，反抗任何敌人。

这些就是我们的保证，而且还有更多的保证。

对那些和我们有着共同文化和精神渊源的老盟友，我们保证像待以诚实朋友那样的忠诚。我们如果团结一致，就能在许多合作事业中无往不胜；我们如果分歧对立，就会一事无成。因为我们不敢在争吵不休和四分五裂时迎接强大的挑战。

对那些我们欢迎其加入到自由行列的新国家，我们恪守我们的誓言：决不让一种更为残酷的暴政来取代一种消失的殖民统治。我们并不总是指望他们会支持我们的观点，但我们始终希望看到他们坚强地维护自己的自由。记住，在历史上，所有愚蠢地狐假虎威者，终必葬身虎口。

对世界各地身居茅舍和乡村，为摆脱普遍贫困而斗争的人们，我们保证尽最大努力帮助他们自立，不管需要花多长时间。之所以这样做，并不是因为共产党可能正在这样做，也不是因为我们需要他们的选票，而是因为这样做是正确的。自由社会如果不能帮助众多的穷人，也就无法挽救少数的富人。

对我国南面的姐妹共和国，我们提出一项特殊的保证：在争取进步的新同盟中，把我们善意的话变为善意的行动，帮助自由的人们和自由的政府摆脱贫困的枷锁。但是，这种充满希望的和平革命决不可以成为敌对国家的牺牲品。我们要让所有邻国都知道，我们将和他们在一起，反对在美洲任何地区进行的侵略和颠覆活动。让所有其他国家都知道，本半球的人仍然想做自己家园的主人。

联合国这个主权国家的世界性议事机构，是我们在战争手段大大超过和平手段的时代里，最后的最美好的希望所在。我们重申予以支持：防止它仅仅成为谩骂的场所，加强它对新生国家和弱小国家的保护；扩大它行使法令的管束范围。

最后，对那些与我们作对的国家，我们提出一个要求而不是一项保证：在科学释放出可怕的破坏力量，把全人类卷入预谋的或意外的自我毁灭的深渊之前，让我们双方重新开始寻求和平。

我们不敢以怯弱来引诱他们。因为只有当我们毫无疑问地拥有足够的军备，我们才能毫无疑问地确信永远不会使用这些军备。

但是，这两个强大的国家集团都无法从目前所走的道路中得到安慰。发展现代武器所需的费用使双方负担过重，致命的原子武器的扩散不断扩使双方忧心忡忡。然而双方却争着改变制止人类发动最后战争的不稳定的恐怖均势。

因此，让我们双方重新开始。双方都要牢记：礼貌并不意味着怯弱，诚意永远有待于验证。我们决不要由于畏惧而谈判，但我们决不能畏惧谈判。

让双方都来探讨使我们团结起来的问题，而不要操劳使我们分裂的问题。

让双方首次为军备检查和军备控制制订认真而又明确的提案，把毁灭他国的绝对力量置于所有国家的绝对控制之下。

让双方寻求利用科学的奇迹，而不是乞灵于科学造成的恐怖。让我们一起探索星球，征服沙漠，根除疾患，开发深海，并鼓励艺术和商业的发展。

让双方团结起来，在全世界各个角落的人们都倾听以赛亚的训令：“解下轭上的索，使被欺压的人得到自由。”

如果合作的滩头阵地能逼退猜忌的丛林，那么就让双方共同作一次新的努力。不是建立一种新的平衡，而是创造一个新的法治世界。在这个世界中，强者公正，弱者安全，和平将得到维护。

所有这一切不可能在今后一百天内完成，也不可能在今后一千天或者在本届政府任期内完成，甚至也许不可能在我们居住在这个星球上的有生之年内完成。但是，让我们开始吧。

公民们，我们方针的最终成败与其说掌握在我手中，不如说掌握在你们手中。自从合众国建立以来，每一代美国人都曾受到召唤去证明他们对国家的忠诚。响应召唤而献身的美国青年的坟墓遍及全球。

现在，号角已再次吹响。不是召唤我们拿起武器，虽然我们需要武器；不是召唤我们去作战，虽然我们严阵以待。它召唤我们为迎接黎明而肩负起漫长斗争的重任，年复一年，从希望中得到欢乐，在磨难中保持耐性，对付人类共同的敌人——专制、贫困、疾病和战争本身。

为反对这些敌人，确保人类更为丰裕的生活，我们能够组成一个包括东西南北各方的全球大联盟吗？你们愿意参加这一历史性的努力吗？

在漫长的世界历史中，只有少数几代人在自由处于最危急的时刻被赋予保卫自由的责任。我不会推卸这一责任，我欢迎这一责任。我不相信我们中间有人想同其他人或其他时代的人交换位置。我们为这一努力所奉献的精力、信念和忠诚，将照亮我们的国家和所有为国效劳的人，而这火焰发出的光芒定能照亮全世界。

因此，美国同胞们，不要问国家能为你们做些什么，而要问你们能为国家做些什么。

全世界的公民们，不要问美国将为你们做些什么，而要问我们共同能为人类的自由做些什么。

最后，不论你们是美国公民，还是其他国家的公民，你们应要求我们献出我们同样要求于你们的高度力量和牺牲。问心无愧是我们唯一可靠的奖赏，历史是我们行动的最终裁判，让我们走向前去，引导我们所热爱的国家。我们祈求上帝的福佑和帮助，但我们知道确切地说，上帝在尘世的工作必定是我们自己的工作。

第三节 精彩语录

We observe today not a victory of party, but a celebration of freedom—symbolizing an end, as well as a beginning—signifying renewal, as well as change. For I have sworn before you and Almighty God the same solemn oath our forebears prescribed nearly a century and three-quarters ago.

今天我们庆祝的不仅仅是政党的胜利，更是自由的胜利。今天象征着一个结束，也象征着一个开端；今天意味着延续，也意味着变革。因为我已在你们和全能的上帝面前，宣读了我们的先辈在170多年前拟定的庄严誓言。

For man holds in his mortal hands the power to abolish all forms of human poverty and all forms of human life. And yet the same revolutionary beliefs for which our forebears fought are still at issue around the globe—the belief that the rights of man come not from the generosity of the state, but from the hand of God.

人类掌握着既能消灭世间的一切贫困，又能毁灭世间的一切生活的力量。但我们的先辈为之奋斗的革命信念，在世界各地仍然备受争论。这个信念就是人的权利并非来自国家的慷慨，而是来自上天的恩赐。

Let every nation know, whether it wishes us well or ill, that we shall pay any price, bear any burden, meet any hardship, support any friend, oppose any foe, to assure the survival and the success of liberty.

让每个国家都知道，不论它希望我们繁荣，还是希望我们衰落。为确保自由的存在和自由的胜利，我们将付出任何代价，承受任何负担，克服任何艰难，支持任何朋友，反抗任何敌人。

We pledge our word that one form of colonial control shall not have passed away merely to be replaced by a far more iron tyranny. We shall not always expect to find them supporting our view. But we shall always hope to find them strongly supporting their own freedom—and to remember that, in the past, those who foolishly sought power by riding the back of the tiger ended up inside.

我们恪守我们的誓言：决不让一种更为残酷的暴政来取代一种消失的殖民统治。我们并不总是指望他们会支持我们的观点，但我们始终希望看到他们坚强地维护自己的自由。记住，在历史上，所有愚蠢地狐假虎威者，终必葬身虎口。

My fellow citizens of the world, ask not what America will do for you, but what together we can do for the freedom of man.

全世界的公民们，不要问美国能为你们做些什么，而要问我们共同能为人类的自由做些什么。

第二章

我信任的美国

第一节 背景介绍

美洲的居民并不是单一而稳定的。18 世纪来到美洲的居民中，有一大部分是为了逃避宗教迫害的难民。美国革命胜利以后，经过托马斯·杰弗逊等人的共同努力，使著名的宗教自由法案在弗吉尼亚通过。1791 年，美国国会通过第一个宪法修正案（权利法案），其中第一条规定："国会不得制定下列法律：确立一种国教或禁止信教自由。"这些文件以其自由思想的光辉而炳彪史册，使美国成为西方第一个政教分离和信仰自由的国家。

但是宗教已经在美国人的心里打下了深深的烙印，其影响在美国根深而蒂固，这是众所公认的事实。教会人士历来对公众关心的问题发表自己的意见，近几届总统的竞选活动，则更明显地表现出政治家们利用宗教界为自己拉选票以达到其政治目的；而宗教团体则利用竞选活动扩大自己的影响，为把能代表其利益和观点的候选人推上台而奔忙。

美国的政治家们考虑到宗教的巨大影响，一直以来都千方百计地表示其对宗教信仰的虔诚，以取得信徒群众的拥护。从华盛顿开始，历届总统在其就职讲话中都要印证上帝。艾森豪威尔在其当选总统后宣称："美国的伟大其力量与天才，首先建立于人民的宗教精神之上。"其后，在1955年他又说："承认上帝的存在是美国作风第一位的和最重要的表现，没有对上帝的信仰，既不可能有美国的政治体制，也不可能有美国的生活方式。"美国总统约翰逊也曾说过："美国政府最重要的传统是每日的祈祷，它们是立法程序中最重要的组成部分。"

尼克松也不例外，同样表达了自己对宗教的无限虔诚。他入主白宫后，每星期天都要轮流请各教会的传教士到白宫举行礼拜，既有新教牧师，也有天主教神父和犹太教拉比。尼克松说："在白宫的礼拜必须带有全世界基督教统一运动的性质，即必须吸收所有的基督教会和犹太教会的人来讲道，其目的是为了给美国人树立虔信宗教的范例。"美国杂志《政治评论》写道："尼克松的就职演说就像他是个国民宗教的主要牧师，他把美国存在的问题归结为'精神危机'。"与此相应，传教士比利·格雷汉在白宫第一次讲道的题目就是"精神危机"。

美国的宗教界与政治息息相关。在这个宗教多元化的国家，各种宗教活动形形色色。从历史发展看，美国大多数居民是来自不同时期的欧、亚、非各洲的移民及其后裔，本身即属于不同的宗教和教派；从当前现实状况看，由于各种政治与社会原因，又产生了许多新的宗派和组织。美国可以说是世界宗教的万花筒，但主要的宗教仍然是基督教中的新教、天主教和犹太教。据统计，64%的美国人信奉基督教，另外还有500多万犹太教徒。

经历了各种斗争与演变，从战后美国宗教组织和神职界的变化来看，其立场与政治态度往往由于社会地位的不同而有所区别。当然占主导地位的仍然是与当权者的政策相一致的教派。

罗马天主教会在第二届梵蒂冈大公会议时，形成一个重要文件《论当代世界的宗教》，其中谈到："教会由于其使命与本质，不和人类文化之任何个别形式或政治、经济之社会体制相联系。正因此普世性，教会得以与各不同之人类社会与民族保持紧密联系。"教皇约翰·保罗二世在其上台后，第一封致世界的教函中就提到了教会独立于政治之外的地位。他写道："我们没有任何进行政治干涉并参与解决世俗事务之意图，如同教会不接受任何人间体制的范畴一样。我们对待人们与各民族间的那些重要问题的态度是：我们的活动仅限于宗教与道德方面。我们的目的是：巩固人类社会应该依赖的精神基础。"然而事实上，神圣教廷及其所属教会并非一尘不染，不干预各国政治。

美国的天主教会是世界上最富有的教会。美国记者尼·罗·贝罗认为，美国天主教会有800亿美元的财产，他们的年收入为125亿左右。神甫理查·金瑟发表文章指出，美国天主教会是一家最大的公司，他说："我们在每一地区都有分支机构，我们在国外的存款和不动产超过了美国石油公司、美国电话电报公司、美国钢铁公司的国外存款和不动产加在一起的总和。"美国的天主教会近年来获得越来越多的信徒，据统计大约有5000万信徒。如果把新教各教派和组织分开计算的话，则天主教会是人数最多的一个教会。

美国天主教会有如此雄厚的实力，必然努力提高其在国家事务中之作用，因此他们积极活动在美国的政坛之上。从马萨诸塞州选入国会的众议员、耶稣会士罗伯特·特拉因在当年曾承认，“那些积极在众议院和参议院幕后活动的人中间不乏天主教会的代表。”

按照美国的传统，总统一般都是新教徒。直到1961年，天主教徒约翰·肯尼迪入主白宫，才打破了这一传统，显示了天主教会的力量。但以后各届总统仍然是新教徒，不过在国家机器的高级职员中，天主教徒越来越多地占有显赫的位置。

肯尼迪在竞选美国总统时，由于自己是罗马天主教徒遭到对手和舆论的攻击，他的宗教信仰成了他入主白宫的最大障碍。尽管美国宪法明确规定：“参议员和众议员，各州议会成员，合众国和各州所有行政和司法官员，都应宣誓或者代誓陈词支持本宪法；但决不能以宗教检验为担任合众国家任何官职和公职的条件。”但出于政治目的，肯尼迪的宗教信仰还是引起了竞选对手和舆论的声讨。1960年9月7日，《纽约时报》头版刊登了一篇文章，新教牧师称罗马天主教具有教会和教皇国的双重身份，因此肯尼迪的信仰在竞选活动中是一个合法性问题。肯尼迪必须对此宣传给予有力的回击，否则至少会带来150万票的损失。于是肯尼迪决定对新教牧师发表一次演讲，详细阐述他的宗教观。

在南方和在其他地方一样，最难处理的就是宗教问题。随着一些著名的新教牧师于9月7日成立了一个新机构“全国争取宗教自由公民大会”，这个问题很快就成为了头号问题。这个机构开了一整天的秘密会议，之后发表了一项公开声明，向肯尼迪提出了一连串的质询。声明清楚地表明无论肯尼迪作出什么样的答复，他的宗教信仰问题总是使他不能被接受为总统。他们说肯尼迪没有完全抛弃他的教会教义，不能摆脱天主教统治集团的“破坏政教分离之墙的坚决的努力”。波士顿的哈罗德·奥肯加牧师说，肯尼迪像赫鲁晓夫那样是“一种制度的俘虏”。

肯尼迪极其勉强地接受了一项邀请，出席得克萨斯州休斯敦牧师协会宗教问题的研讨会。尼克松则谢绝了这个团体发出的类似邀请。他的团队在洛杉矶花了整个周末，其后又在埃尔帕索搞了一个通宵来起草演讲稿。肯尼迪希望把他的立场说得异常清楚而全面，使任何一个通情达理的人都决不会对他恪守宪法的态度有所怀疑。

这次会议将通过电视向得克萨斯全州播出，肯尼迪穿了一套黑色西服，打了一条黑领带，有点紧张地坐在讲台后面主持会议的两个牧师当中。从另一面注视着他的是休斯敦的新教牧师。当肯尼迪赴会前穿衣服时，皮埃尔·塞林格曾告诉他：“这些新教牧师因为反对一个天主教徒而被人们称作顽固派，这件事已经使他们感到厌烦了。”在座的还有一大批飞来参加这场重大对抗的全国性报刊的权威评论家。会场的气氛显得紧张而敌对。

最后，主持人把肯尼迪介绍给大家，气氛马上缓和了下来。这次演说是他竞选中最好的一篇，而且也是他一生中最重要的演说之一。只有他的就职演说在气势和修辞方面超过了它。新教徒和天主教徒对于他为自己的信念作出的简明总结非常赞赏。

“问题不在于我信奉的是什么宗教，因为这只有对我个人才是重要的事；问题在于我所信奉的是一个什么样的美国。”

“我信奉的是一个政教绝对分离的美国——在这里，没有哪一个天主教教长会命令总统（假如他是一个天主教徒的话）怎样行事，也没有哪一个新教牧师会命令他的教区居民去投谁的票……在这里，宗教自由具有如此的不可分割性，以致反对一个教会的行为就被看作是反对所有教会的行为。”

休斯敦的这场较量并没有结束宗教方面的论战，也没有使议论肯尼迪的人沉默下去。不过不仅在赖斯大饭店的舞厅里，而且在整个得克萨斯州和全国各地都受到广泛而热烈的赞扬。这次较量使候选人没有必要进一步再作出任何全面的答复。肯尼迪虽然仍继续答复询问，但不再提起这个问题。这场较量提供了一份文件，它对任何通情达理的人所能提出的全部问题都作了答复。它有助于把正当关心肯尼迪观点的公民和从他出生伊始就谴责他的狂热分子区分开来。

肯尼迪认识到，他在竞选中最迫切的任务就是要用其他事情来转移人们对他宗教信仰问题的关注。他在四十五个州的五百多次演讲、记者招待会和发表的声明虽然对此会有所帮助，但这些听众合计起来也只占全体选民极小的部分。解决的办法就是要利用电视。

但是电台和电视台的昂贵费用使民主党的经费大为紧张——单单花在联播节目上的费用就达一百万美元以上。全国性的无线电网——电视联播网不惜牺牲几百万美元的代价（而且不顾无数大为不满的紧张喜剧和西部作品爱好者的抱怨），在较早的时候便提出免费让两大政党的候选人一起到台上进行辩论。

像所有重要的共和党人一样，艾森豪威尔劝尼克松不要同肯尼迪辩论。尼克松在全国各地远比他的对手知名。他被认为是较为成熟和较有经验的。他没有理由去帮助肯尼迪集结观众。后者在 1952

年同洛奇的辩论，在西弗吉尼亚州同汉弗莱的辩论，以及在洛杉矶代表大会上同约翰逊的辩论都获得很好的成绩。

但是尼克松也有自信的理由。他在 1946 年的一场辩论中击败了一名能干的众议员并从此开始了他的政治生涯。他在莫斯科同赫鲁晓夫即席的“厨房辩论”显著地提高了他在民意测验中受欢迎的百分比。

由于要维护这种声誉，由于自信能够击败肯尼迪，由于希望通过辩论去影响他需要其选票的几百万民主党人和无党派人士，据说还由于注意到免费电视广播经济上的利益，并考虑到两党的全国主席已经暗示两位候选人为了公众的利益应当接受邀请，尼克松感到要体面地退缩是不可能的。8 月间，当他在共和党全国代表大会获得提名以后，联播公司立即提出了一项具体的建议。肯尼迪马上接受了并对尼克松直率地提出了挑战。四天以后，使肯尼迪惊奇和高兴的是副总统也接受了。

最后双方达成了协议，决定连续举行四次广播，每次一小时，由所有的电视网和无线电网同时联播。这四次辩论特别是第一次，对选举结果起了决定性的作用。

肯尼迪获胜的部分原因是由于他认识到，这场继林肯和道格拉斯以来最有历史意义的辩论必然会产生空前的影响，而且必然会有一千倍以上的观众观看。他唯一的希望是自己可以为此作好充分的准备和获得充分的情报。为了这个目的，在第一次辩论之前他们把材料压缩制成卡片，并花了许多时间来探讨国内每一问题的事实和数字，以及肯尼迪的每一项指责和尼克松的每一项反指责。他们向肯尼迪提出所能料想到的一切棘手的和敏感的问题。有一次会议是在他下榻的芝加哥旅馆阳光灿烂的屋顶上召开的，另一次是在他的起居室召开的，最后一次是他在一张堆满档案卡片的床上安然地午睡了将近三小时后在他的卧室里举行的。从某种意义上说，他通过和新闻记者、大学听众、电视讨论会等几百次快速的答辩会议，已经为这个时刻准备了好几年。

在他换衣服的时候，他把自己的紧张心情比作一个即将进入麦迪逊广场花园拳击场的职业拳击家的心情。对此，戴夫·鲍尔斯回答说："不，参议员，这比较像世界棒球锦标赛开幕式上的投手，因为你一定要赢得这四次辩论。"在乘车去电视台的途中，他没有说话有点紧张。一个助手就怎样在电视上讲话所提出的陈腐意见被他直率地打断了。交通灯也使他恼火。在广播室里，他派戴夫·鲍尔斯去旅馆拿一件蓝色的衬衣，又看了一遍他的笔记本，随即把它放下，由电视台人员为他稍微化了一下装。由于他一直晒得很黑，加上那天在旅馆屋顶上又晒了一下，因此不需要多少化装。他和尼克松紧张不安地互相微笑，寒暄了两句后，便呆坐着等到晚上八点半钟。

肯尼迪首先讲话，他讲得平静、直率，也许太快一点并且不够生动，不过却讲得十分有力。他的语句简短而锐利。他所选择的题目和用语都是他在竞选的最初几周里所熟悉的。

"我认为摆在美国人民面前的问题是：我们是不是在尽可能地做我们所能做的一切？……如果我们失败了，自由也就失败了。……作为一个美国人，我对我们所取得的进展并不满意。……这是一个伟大的国家，但是我认为它能够成为一个更伟大的国家。"

"我并不满意。"他继续说下去，"因为我们的钢铁生产能力有50%没有利用，我们的经济增长率在工业国家中是最低的。价值几十亿美元的粮食在仓库里腐烂，而几百万人却忍饥挨饿。苏联培养出的科学家和工程师的人数比我们多两倍，学校学生过多，教师待遇太低。自然资源没有开发，而由于种族歧视那么多美国人的才能都浪费掉了。”他结束他的开场白时的那种绝对的信心在全国各地的电视屏上都可以感觉出来。

在结束语中，肯尼迪起先简短地答复了剩下的几项指责，后来几乎完全把尼克松撇在了一旁。他以辩论开始以来双方都未曾表现出的高度热情直接地向听众说话：“……只有你们才能决定……你们要这个国家成为一个什么样的国家，你们要对将来做些什么事情。我认为我们已经为采取行动作好了准备。”尼克松的结束语听起来内容空洞处于守势。当肯尼迪仍然保持着主动信心十足地讲完时，尼克松蹙起了眉头。

詹姆斯·赖斯顿第二天写道，第一次辩论“并没有使两个总统候选人中的哪一个得势或是失势”。报纸的大字标题大多数也把这次辩论称为平局。但是即使是平局，也是肯尼迪的一场胜利。现在，又有许许多多选民知道肯尼迪了，而且是在赞许的气氛中知道他的。抱怀疑态度和持异议的民主党人现在全团结到他这边来了。震惊的共和党人再也不能说他不成熟和没经验了。新教徒也不再把肯尼迪只当作一个天主教徒了。

在辩论结束后不久，双方都进行了民意测验。那天深夜乘着“卡罗琳”号飞往俄亥俄时，肯尼迪一面喝着啤酒和汤使精神放松下来，一面对他所扮演的角色和所作的答辩作了全面的回顾，他在体力上和精神上都已经很疲惫了。但他感到自信而快乐，没有什么可以遗憾的。他对在每个问题上他所希望说而已经说的话并没有感到不满意。后来，他说：“事后，你总可以有所改进的，不过我宁愿满足于已有的状况。我认为一切全都不错。”

不久，他就发现还有许许多多人也都认为一切全都不错。拥护他的群众的人数和热情立即大为增长。尼克松的新闻秘书不得不发布了一条消息，大意是说他们的总统候选人身体极佳，精神很好。肯尼迪收到了先前态度犹豫的南方民主党州长们热烈祝贺他的一份电报，他们一共九个人，他们在霍特斯普林斯举行的会议上观看了这场辩论。共和党的政客们团团围住尼克松，要他显得健康点，说话要强硬点。俄亥俄州的保守派参议员弗兰克·劳希决定加入肯尼迪的队伍。早在代表大会前就一直表现冷淡的民主党人——包括史蒂文森的支持者、大城市的党魁们，尤其是新教徒全开始为肯尼迪效劳了。

第二次、第三次和第四次辩论几乎是虎头蛇尾。不仅是观看这几次辩论的选民人数较少——特别是尚未表态和消息闭塞的选民人数较少——而且这几次辩论的影响也较小。对这三次辩论人们认为双方的比分都很接近。尼克松改而采取攻势，但是作用已很小，时间也太迟了。有些人说他“赢了”第三个回合——那一次他和肯尼迪分别在不同的城市播出，这显然使尼克松觉得轻松一些，但是这也无济于事。调查表明，总的说来这场辩论是肯尼迪取得了胜利。

1960 年 9 月 12 日，肯尼迪面对 300 多名新教牧师和全国几百万电视观众慷慨陈词，肺腑之言打动了那些攻击他宗教信仰的人。他开宗明义地说：“有必要谈谈宗教问题。”但之后他话题一转，把听众的视线引到贫穷和科技落后上，认为这些都是决定这次竞选的现实问题。从而把宗教和政治剥离开来，他说：“它们不是宗教问题，因为战争、饥饿、愚昧和绝望不存在宗教界限。”

当然，肯尼迪这个天主教徒竞选总统在美国是新生事物，美国过去从来没有过信仰天主教的总统。他重申政教分离的原则，“不在乎我信仰什么宗教——那对我个人来说固然重要，而在乎我信仰一个什么样的美国。”他把自己竞选美国总统看作是和宗教信仰不相干的事情，抨击攻击他的人把他的宗教信仰做靶子是风马牛不相及。

肯尼迪依据宪法来为自己进行辩护，强调美国不把天主教、新教或犹太教作为国教，政教要绝对分离。并劝告选民选举总统是政治事务，不要受宗教因素的影响，希望在美国新教的牧师不会告诉他教区的居民去投谁的票。肯尼迪一再宣称，宗教信仰自由包括各教派之间的平等，不能相互排挤、攻击、仇视，所有的人和所有的教会享受平等相处，任何人都有同样的权利根据自己的选择参加或不参加一个教会。“如果今天我成为宗教信仰的牺牲品，明天就会轮到你们。”

针对总统的宗教信仰问题，他说：“一个总统的宗教观是他自己的私人事情，他不能把自己的宗教观强加于国家，国家也不能把宗教信仰作为选择总统的一个先决条件。”并用第一条宪法修正案为自己的观点辩护。1791 年 12 月 15 日批准的第一条修正案规定：“国会不得制定关于下列事项的法律：确立国教或禁止信教自由；剥夺言论自由或出版自由；或剥夺人民和平集会和向政府请愿伸冤的权利。”

肯尼迪引经据典，通过列举先辈为美国的独立和自由而斗争的英勇事迹，进一步说明美国历史是各宗教和平共处、共同为美国梦而奋斗的历史，“没人知道他们是不是天主教徒，因为那里没有宗教检验”。

身为罗马天主教徒的他强烈反对罗马教廷政教合一的思想，当然是为了赢得新教徒的选票。在他担任国会议员期间，他曾反对向罗马教廷派驻大使，反对违反宪法向天主教堂区学校提供资助。因为在 1884 年美国主教团举行的第 3 次巴尔的摩全体会议要求，天主教父母必须让自己的孩子在堂区学校受教育，不允许天主教家庭的孩子在公立学校读书。肯尼迪以身说法，说他自己就曾在公立学校读书，以此来说明自己并不是偏激的天主教徒。他批评天主教领导的申明，说那些申明忽略了 1948 年美国主教坚决支持政教分离的申明。他很会做统一战线工作，让新教消除对美国天主教的误解，说政教分离的申明几乎反映了所有美国天主教徒的观点。

肯尼迪也对世界其他国家的宗教政策给予点评：“我完全反对国家被任何宗教集团不管是天主教还是新教所利用，用来强迫、禁止或骚扰其他宗教的自由礼拜，反对任何人在任何时间、任何国家迫害任何宗教信徒。我希望你们和我满怀同样的热情谴责那些禁止新教总统的国家，谴责那些禁止天主教总统的国家。”结合自己的实际，他说：“我不是天主教总统候选人。我是民主党总统候选人，而恰巧还是个天主教徒。”他表明在公共事务上并不代表他所在的教会，他所在的教会也不能代表他。并表示如果他不能做到这一点，他就会辞去总统一职，并希望任何一个有良心的公仆也会这么做。

他毕竟说了不少罗马教廷的不是，为了避免给人造成为了拉票而不得不背叛自己的宗教之嫌，他说："我无意在指责我的天主教徒或新教徒面前辩解我这些观点，我也无意为了赢得这次总统大选而否认我的观点或背叛我的教会。"

最后，他警告美国选民，如果把个人的宗教信仰问题和总统竞选扯在一起，那对美国人民来说将是场灾难。"如果这次大选的基础是让 4000 万美国人从他们受浸礼那天起就失去当总统的机会的话，那么在世界各地的天主教徒和非天主教徒看来，在历史上看来，在我们美国人民看来，真正的输家将是整个美国。"

肯尼迪的精彩演讲迅速掳掠了选民的心，化解了新教徒的误解。在演讲结束后，一个在电视机前看他演讲的选民跳起来喊道："太棒了！听听他说的，他简直是在给那些人洗脑。这个年轻人一定会成为一个伟大的总统！"

在肯尼迪执政的年代里，美国政治上影响最为深远的一种变化也随之出现。天主教徒当选总统的禁令寿终正寝了。约翰·肯尼迪向世人表明，一个天主教徒能够顶得住天主教会统治集团在一项对于双方均有实际意义的法案上所施加的全部压力。因而在全国各地新教教堂的讲坛上，他也受到了赞扬。例如，在竞选运动中反对他最厉害的一个人——达拉斯的 W.A. 克里斯韦尔博士也号召他教区内的教友支持肯尼迪总统和宪法。甚至新教徒和其他美国人支持政教分离联合会也报道说，他们"对肯尼迪总统感到极其满意，因为他的强硬立场将使所有主张政教分离的人感到安心和鼓舞。……我们希望美国人民支持肯尼迪总统同他自己教会的主教们对抗。"

许多普通的天主教徒和几家类似《公益》之类的天主教刊物支持总统的立场。他的朋友红衣主教库欣还号召天主教徒们看清楚多数人反对用税款补助教区学校这一事实，并呼吁他们“既不要强行通过这种法案使国家陷于分裂，也不要因为他们自己没有达到目的而施展他们在国会中的政治影响，以阻挠其他有益于教育的法案”。但总统再次感到天主教统治集团的大多数成员既反对他，也反对他的计划。在 1961 年的格里狄龙宴会上，他谈到了以前的一个反天主教的传说：艾尔·史密斯在 1928 年的失败阻碍了罗马教皇“接管”美国，当时他曾向教皇发了一份只有一句话的电报——“打开铺盖睡觉！”

到 1963 年，肯尼迪看不出形势会发生任何变化，而最高法院作出的在公立学校强制学生做祈祷是非法的这一裁定，多少使形势有点恶化了。总统在那年的宴会上用了一句切合实际的妙语来概括这项措施获得通过的可能性。他说：“首席法官使我确信，我们的学校法案显然是符合宪法的，因为没有人为它做祈祷。”

最高法院关于学校做祈祷问题的决定，以及另一项关于学校里读《圣经》问题的决定，大有在 1964 年的总统竞选中引起新的宗教争端的危险。1960 年，保守的新教徒曾经谴责过所有的天主教徒，说他们要谋求打破政教之间的界线，打乱宪法上关于信教自由的微妙的平衡以及威胁公立学校的非宗教性质，但是保守的新教徒中有许多人在 1963 年时根本没有意识到其自相矛盾，又出来谴责最高法院关于取消在公立学校朗诵正式的祈祷文和读《圣经》的决定，并要求修改宪法以允许公立学校学生做祷告和读《圣经》。大多数天主教领袖和许多自由派的新教徒，也像美国州长会议和国会许多有势力的议员一样攻击这两项决定。

由于因最高法院、学校法案、天主教徒总统及其重新当选等问题所引起的种种争论都交织到了一起，一场新的不愉快的斗争临近了。但是总统设法使这些决定中的刺激性成份大大减少，并使任何修改宪法的势头大大减弱。他在记者招待会上就祷告问题的询问作了深思熟虑的答复，从而达到了上述目的。他说："我认为即使我们不同意最高法院的决定，我们还应支持这些决定……这很重要。此外，在这件事上我们有一个很方便的补救办法，即我们自己做祷告。……我们可以在家里做更多的祷告，我们可以虔诚地去教堂做礼拜，我们可以使祷告的真正意义在我们所有孩子的生活中变得更加重要。这种权力是我们谁都可以使用的。"

这种答复典型地说明了肯尼迪在整个执政期间对于宗教争端处理得多么出色。他使曾经警告说他可能会削弱宪法的所有批评者感到失望，也使曾经希望他会削弱宪法的所有天主教徒感到失望。他的政府清楚表明，这个国家并没有法定是天主教的，新教的，甚至基督教的国家，而是一个民主共和国，任何宗教或某一教会都不能通过法令在这里立足或受到抑制。

肯尼迪说话算数，在挑选公职人员时他确实没有显示出任何宗教上的偏爱，也没有显示出惧怕教士们的压力，他忠心为国，矢志不渝。总统并没有向梵蒂冈派遣大使。在他的支持下，联邦政府悄悄地但是广泛地加强了在生育和人口控制方面的活动——增加对这方面研究的补助，支持联合国扩大这方面的努力，并主动协助需要这方面情报资料的其他国家获得更多的情报。肯尼迪曾对得克萨斯州的传教士说过，他会以总统的身份毫不犹豫地去参加新教礼拜，所以他在任期的第一年就乘飞机到得克萨斯州去参加了萨姆·雷伯恩的葬礼。

肯尼迪同这时已经很友好的比利·格雷厄姆一起参加新教的祷告晨餐，在白宫接见形形色色的新教牧师，而且私下会见反天主教的小册子作者保尔·布兰沙德，争取他赞同把私立大学也包括进高等教育法案中去。他还像其他任何一个总统那样无拘无束地去拜会了罗马教皇（但是没有遵照他自己的先例和适用于国家元首的外交礼仪去下跪或亲吻保罗教皇的戒指，而是仅仅握握手而已）。

由于约翰·肯尼迪所树立的榜样，美国天主教会变得不再那么受到外界的指责，而更多的是需要进行内部的改革了。

但总统始终没有改变或贬低他的天主教信仰，他也没有减少去教堂做祷告的次数或掩盖这个事实。他很自豪地保存着一个军人身份牌，上面刻着前所未有的一行字："约翰·F.肯尼迪——总司令——血型O——罗马天主教徒。"

第二节 肯尼迪于 1960 年对大休斯顿部长协会的演讲

Reverend Meza, Reverend Reck,

I'm grateful for your generous invitation to state my views.

While the so-called religious issue is necessarily and properly the chief topic here tonight, I want to emphasize from the outset that I believe that we have far more critical issues in the 1960 campaign; the humiliating treatment of our President and Vice President by those who no longer respect our power—the hungry children I saw in West Virginia, the old people who cannot pay their doctors bills, the families forced to give up their farms—an America with too many slums, with too few schools, and too late to the moon and outer space. These are the real issues which should decide this campaign. And they are not religious issues—for war and hunger and ignorance and despair know no religious barrier.

But because I am a Catholic, and no Catholic has ever been

elected President, the real issues in this campaign have been obscured—perhaps deliberately, in some quarters less responsible than this. So it is apparently necessary for me to state once again—not what kind of church I believe in, for that should be important only to me—but what kind of America I believe in.

I believe in an America where the separation of church and state is absolute; where no Catholic prelate would tell the President—should he be Catholic—how to act, and no Protestant minister would tell his parishioners for whom to vote; where no church or church school is granted any public funds or political preference, and where no man is denied public office merely because his religion differs from the President who might appoint him, or the people who might elect him.

I believe in an America that is officially neither Catholic, Protestant nor Jewish; where no public official either requests or accept instructions on public policy from the Pope, the National Council of Churches or any other ecclesiastical source; where no religious body seeks to impose its will directly or indirectly upon the general populace or the public acts of its officials, and where religious liberty is so indivisible that an act against one church is treated as an act against all.

For while this year it may be a Catholic against whom the finger of suspicion is pointed, in other years it has been—and may someday be again—a Jew, or a Quaker, or a Unitarian, or a Baptist. It was Virginia's harassment of Baptist preachers, for example, that led to Jefferson's statute of religious freedom.

Today, I may be the victim, but tomorrow it may be you—until the whole fabric of our harmonious society is ripped apart at a time of great national peril.

Finally, I believe in an America where religious intolerance will someday end, where all men and all churches are treated as equals, where every man has the same right to attend or not to attend the church of his choice, where there is no Catholic vote, no anti-Catholic vote, no bloc voting of any kind, and where Catholics, Protestants, and Jews, at both the lay and the pastoral levels, will refrain from those attitudes of disdain and division which have so often marred their works in the past, and promote instead the American ideal of brotherhood. That is the kind of America in which I believe.

And it represents the kind of Presidency in which I believe, a great office that must be neither humbled by making it the instrument of any religious group nor tarnished by arbitrarily withholding it—its occupancy from the members of any one religious group. I believe in a President whose views on religion are his own private affair, neither imposed upon him by the nation, nor imposed by the nation upon him as a condition to holding that office.

I would not look with favor upon a President working to subvert the first amendment's guarantees of religious liberty; nor would our system of checks and balances permit him to do so. And neither do I look with favor upon those who would work to subvert Article VI of the Constitution by requiring a religious test, even by indirection. For if they disagree with that safeguard, they should be openly working to repeal it.

I want a Chief Executive whose public acts are responsible to all and obligated to none, who can attend any ceremony, service, or dinner his office may appropriately require of him to fulfill; and whose fulfillment of his Presidential office is not limited or conditioned by any religious oath, ritual, or obligation.

This is the kind of America I believe in—and this is the kind of America I fought for in the South Pacific, and the kind my brother died for in Europe. No one suggested then that we might have a divided loyalty, that we did not believe in liberty, or that we belonged to a disloyal group that threatened—I quote—"the freedoms for which our forefathers died."

And in fact this is the kind of America for which our forefathers did die when they fled here to escape religious test oaths that denied office to members of less favored churches—when they fought for the Constitution, the Bill of Rights, the Virginia Statute of Religious Freedom—and when they fought at the shrine I visited today, the Alamo. For side by side with Bowie and Crockett died Fuentes, and McCafferty, and Bailey, and Badillo, and Carey—but no one knows whether they were Catholics or not. For there was no religious test there.

I ask you tonight to follow in that tradition—to judge me on the basis of 14 years in the Congress, on my declared stands against an Ambassador to the Vatican, against unconstitutional aid to parochial schools, and against any boycott of the public schools—which I attended myself. And instead of doing this, do not judge me on the basis of these pamphlets and publications we all have seen that carefully select quotations out of context from the statements of Catholic church leaders, usually in other countries, frequently in other centuries, and rarely relevant to any situation here. And always omitting, of course, the statement of the American Bishops in 1948 which strongly endorsed Church-State separation, and which more nearly reflects the views of almost every American Catholic.

I do not consider these other quotations binding upon my public acts. Why should you?

But let me say, with respect to other countries, that I am wholly opposed to the State being used by any religious group, Catholic or Protestant, to compel, prohibit, or prosecute the free exercise of any other religion. And that goes for any persecution, at any time, by anyone, in any country. And I hope that you and I condemn with equal fervor those nations which deny their Presidency to Protestants, and those which deny it to Catholics. And rather than cite the misdeeds of those who differ, I would also cite the record of the Catholic Church in such nations as France and Ireland, and the independence of such statesmen as De Gaulle and Adenauer.

But let me stress again that these are my views. For contrary to common newspaper usage, I am not the Catholic candidate for President. I am the Democratic Party's candidate for President who happens also to be a Catholic.

I do not speak for my church on public matters; and the church does not speak for me. Whatever issue may come before me as President, if I should be elected, on birth control, divorce, censorship, gambling or any other subject, I will make my decision in accordance with these views—in accordance with what my conscience tells me to be in the national interest, and without regard to outside religious pressure or dictates. And no power or threat of punishment could cause me to decide otherwise.

But if the time should ever come—and I do not concede any conflict to be remotely possible—when my office would require me to either violate my conscience or violate the national interest, then I would resign the office; and I hope any conscientious public servant would do likewise.

But I do not intend to apologize for these views to my critics of either Catholic or Protestant faith; nor do I intend to disavow either my views or my church in order to win this election.

If I should lose on the real issues, I shall return to my seat in the Senate, satisfied that I'd tried my best and was fairly judged.

But if this election is decided on the basis that 40 million Americans lost their chance of being President on the day they were baptized, then it is the whole nation that will be the loser, in the eyes of Catholics and non-Catholics around the world, in the eyes of history, and in the eyes of our own people.

But if, on the other hand, I should win this election, then I shall devote every effort of mind and spirit to fulfilling the oath of the Presidency—practically identical, I might add, with the oath I have taken for 14 years in the Congress. For without reservation, I can, solemnly swear that I will faithfully execute the office of President of the United States, and will to the best of my ability preserve, protect, and defend the Constitution—so help me God.

米扎牧师、雷克牧师：

非常感谢你们盛情邀请我来谈谈自己的观点。

尽管所谓宗教问题是今晚的主要话题，但我想从一开始就强调，我们在1960年的选举中还有许多重大问题要面对：那些不再尊重我们权力的人对我们的总统和副总统的侮辱性对待，我在西佛吉尼亚州见到的饥饿儿童，付不起医疗费的老人；被迫放弃农场的家庭，一个有太多贫民窟和太少学校的美国，以及一个迟迟不能涉足月球和外太空的美国。这些都是可能左右本届竞选的实际问题。而这些都不是宗教问题，因为战争、饥饿、无知和绝望并不知道什么是宗教壁垒。

但是因为我是天主教徒，而从未有过天主教徒当选总统，所以本届竞选中的实际问题变得模糊不清，这在某些不负责任的地区或许是有意为之。因此，我显然有必要再次说明，问题不在于我信仰哪种宗教（因为这应该只对我个人具有重要性），而在于我信任哪种美国。

我信任的美国应当是政教绝对分离；应当是没有天主教教长会告诉总统（如果总统是天主教徒）如何行动，也没有新教牧师会告诉其教民选举谁；应当是没有教会或教会学校得到任何公共资金或政治性优惠；应当是没有人仅仅因为其宗教信仰不同于对其有任命权的总统或不同于对其有选择权的人而被拒绝担任公职。

我信任的美国应当是在公务上既非天主教、新教，也非犹太教；

应当是没有公务人员就公共政策请示罗马教皇、全国教会理事会或任何其他神职机构，或者接受其指示；应当是没有宗教团体试图将其意志直接或间接地强加于广大民众或公职人员的公务行为；应当是宗教自由不可分割，即违背一种宗教的行为当视为违背所有宗教的行为。

尽管今年的怀疑对象可能是天主教徒，但其他年份的怀疑对象则曾经是犹太教徒，或者是贵格教徒、唯一神派教徒或浸礼教徒，而且可能有朝一日再来一次。例如，佛吉尼亚州的浸礼教传教士骚乱催生了杰斐逊区的宗教自由法案。今天我可能是受害者，而明天的受害者就可能是你，如此轮回，直到我们和谐社会的整体结构在巨大的民族劫难中四分五裂。

最后，我信任的美国应当是宗教排他现象有朝一日会终结；应当是平等对待所有人和所有宗教；应当是人人都有平等的权利选择加入或不加入某宗教；应当是没有拥护天主教的投票，没有反对天主教的投票，也没有任何形式的集团投票；应当是天主教徒、新教教徒和犹太教徒（包括普通信徒和牧师级信徒）摒弃过去那种妨碍工作的鄙视和分裂的态度，转而弘扬美国的兄弟情谊理念。这就是我所信任的那种美国。

这代表着我所信任的总统职务，这一重要职务必须是既不会因充当任一宗教集团的工具而蒙受耻辱，也不会因擅自阻止任一宗教团体的成员担任该职务而黯然失色。我信任的总统应当是其宗教观点是他自己的私人事务，他既不会将其宗教观点强加于国家，也不会作为任职的条件接受国家强加给他的宗教观点。

我不会拥护暗中破坏《第一修正案》中保证宗教自由之规定的

总统。我们的制衡制度也不允许他这样做。我也不会拥护那些通过以宗教作为任职检验标准（即便是以间接方式）来暗中破坏《宪法》第六条的人。他们如果不同意这种保护法案，就应当站出来公开争取将其废除。

我想要的总统应当是其公务行为对所有团体负责，却不对任何团体承担义务；应当是可以出席与其职位相适应的任何仪式、礼拜或宴会；应当是其总统就职誓言的履行，不受任何宗教宣誓、礼仪或义务的限制或左右。

这就是我所信任的美国，是我在南太平洋为之战斗的美国，是我的兄弟在欧洲为之牺牲的美国。当时，无人提出我们可以有‘分裂的忠诚’，无人提出我们‘不信仰自由’，也无人提出我们属于不忠诚的团体，而该团体威胁着‘我们的前辈为之牺牲的自由’。

实际上，这就是我们的前辈为之牺牲的美国。他们曾经逃到这里以躲避拒绝劣势宗教成员任职的宗教检验誓言；他们曾经为维护《宪法》《权利法案》和《弗吉尼亚宗教自由法案》而战；他们曾经在我今天访问的圣地阿拉莫战斗。与鲍威和克罗基特并肩战死的还有麦克卡弗蒂、贝利和凯里。但是，无人知道他们是不是天主教徒，因为在阿拉莫没有宗教检验。

今晚，我请你们按照这种传统来评判我。你们的评判可以根据我在国会工作 14 年的记录，可以根据我反对一位驻梵蒂冈大使的公开立场、反对违反宪法资助教区学校的公开立场以及反对公立学校举行任何联合抵制活动（我自己也参加过这种活动）的公开立场。但是，请不要根据我们大家见过的这些宣传册和出版物来评判我，因为这些宣传册和出版物精心选录了天主教会领导人的陈述，而且这些陈述往往是在外国，大多是在上几个世纪。当然，这些宣传册和出版物总是略去美国主教在 1948 年所作的声明，因为此声明强烈主张政教分离，并且更贴切地反映几乎每个美国天主教徒的观点。

我认为这些选录内容不会制约我的公务行为。那么，你们又为何以此来评判我呢?

但我要说，对于其他国家我完全反对国家被任何宗教集团（天主教或新教）所利用，用来强迫、禁止或骚扰其他任何宗教的自由活动。我希望你们和我一起，同样强烈地谴责那些拒绝新教徒担任总统职务的国家和那些拒绝天主教徒担任总统职务的国家。与其引述那些宗教歧视者的劣行，倒不如引述爱尔兰和法国这类国家的天主教会的记录，以及阿登纳和戴高乐这类政治家的独立性。

但我要再次强调，这些是我个人的观点。与常见报纸的报道方法相反，我不是天主教的总统候选人。我是民主党的总统候选人，但恰巧也是天主教徒。

我不代表我的教会谈论公共事务，教会也不代表我说话。作为总统无论有什么问题出现在我面前，无论是计划生育问题、离婚问题、审查制度问题、赌博问题还是其他任何问题，我都会按照这些观点做出我的决定，都会按照我的良知告诉我符合国家利益的方式做出决定，而不在乎外部的宗教压力或要求。任何权威或惩罚威胁都不能让我另作决定。

如果真有这样的时刻，我不可能对某种冲突做出丝毫让步，而我的职务要求我在违背良心和违背国家利益之间做出选择，那么我就会辞去总统职务。而且，我希望任何有良心的公务员都会这样做。

我不打算为这些观点向批评我的人道歉，无论他们是信仰天主教还是信仰新教；我也不打算为了赢得这届选举而否定我的观点或否定我的宗教。

如果我在实际问题上失败了，我将回到我在参议院的位置，并且为我已经尽力而且得到了公正的裁决而感到满意。

如果本届选举确定的基础是4000万美国人在其接受洗礼之日便失去了成为总统的机会，那么整个国家都将是输家。在全世界天主教徒和非天主教徒的眼中是这样，在历史的眼中是这样，在我们自己的人民眼中也是这样。

但另一方面，如果我赢得选举，我就会全心全意地履行总统就职誓言。或许我还可以加一句——这实际上与我在国会14年的誓言完全相同。毫无保留地说，我可以庄严宣誓，我将忠诚地履行美国总统的职务，将尽全力维护、保护和捍卫《宪法》，上帝作证。

第三节 精彩语录

I believe in an America where the separation of church and state is absolute; where no Catholic prelate would tell the President—should he be Catholic—how to act, and no Protestant minister would tell his parishioners for whom to vote; where no church or church school is granted any public funds or political preference, and where no man is denied public office merely because his religion differs from the President who might appoint him, or the people who might elect him.

我信任的美国应当是政教绝对分离；应当是没有天主教教长会告诉总统（如果总统是天主教徒）如何行动，也没有新教牧师会告诉其教民选举谁；应当是没有教会或教会学校得到任何公共资金或政治性优惠；应当是没有人仅仅因为其宗教信仰不同于对其有任命权的总统或不同于对其有选择权的人而被拒绝担任公职。

I believe in an America that is officially neither Catholic, Protestant nor Jewish; where no public official either requests or accept instructions on public policy from the Pope, the National Council of Churches or any other ecclesiastical source; where no religious body seeks to impose its will directly or indirectly upon the general populace or the public acts of its officials, and where religious liberty is so indivisible that an act against one church is treated as an act against all.

我信任的美国应当是在公务上既非天主教、新教，也非犹太教；应当是没有公务人员就公共政策请示罗马教皇、全国教会理事会或任何其他神职机构，或者接受其指示；应当是没有宗教团体试图将其意志直接或间接地强加于广大民众或公职人员的公务行为；应当是宗教自由不可分割，即违背一种宗教的行为当视为违背所有宗教的行为。

Today, I may be the victim, but tomorrow it may be you—until the whole fabric of our harmonious society is ripped apart at a time of great national peril.

今天我可能是受害者，而明天的受害者就可能是你。如此轮回，直到我们和谐社会的整体结构在巨大的民族劫难中四分五裂。

I believe in an America where religious intolerance will someday end, where all men and all churches are treated as equals, where every man has the same right to attend or not to attend the church of his choice, where there is no Catholic vote, no anti-Catholic vote, no bloc voting of any kind, and where Catholics, Protestants, and Jews, at both the lay and the pastoral levels, will refrain from those attitudes of disdain and division which have so often marred their works in the past, and promote instead the American ideal of brotherhood.

我信任的美国应当是宗教排他现象有朝一日会终结；应当是平等对待所有人和所有宗教；应当是人人都有平等的权利选择加入或不加入某宗教；应当是没有拥护天主教的投票，没有反对天主教的投票，也没有任何形式的集团投票；应当是天主教徒、新教教徒和犹太教徒（包括普通信徒和牧师级信徒）摒弃过去那种妨碍工作的鄙视和分裂的态度，转而弘扬美国的兄弟情谊理念。

第三章

人人生来平等

第一节 背景介绍

肯尼迪在国内政策方面提出了众多计划，如改善城市住房条件、发展教育事业、改革税收制度、修改农业计划、保护和发展天然资源、为老年人提供良好的医疗保健、反对种族歧视、给黑人以公平权利等。但这些计划在实施过程中大多遭到来自各方的重重阻碍，尤其是国会。到 1963 年 7 月，美国媒体在评论肯尼迪的内政计划实施情况时指出，政府开支已经达到 940 亿美元，1963 年的财政赤字将达到 70 亿美元，黄金储备量下降到自 1939 年以来的最低点。大规模减税的议案和给予黑人公平权利的议案被再三拖延，直到 1964 年肯尼迪遇刺身亡后才获得通过。修改农业计划、援助公立学校法案和其他一些议案，也纷纷搁浅或被迫放弃。

肯尼迪在其任期内废止了一些苛刻的财政方针，放松了货币政策以保持低利率，从而鼓励经济增长。这个举措之后被当作 20 世纪

70 年代经济问题的组成部分而受到批评，因为政府庞大的开销助长了通货膨胀。在 1962 年，肯尼迪提出了总额为 1000 亿美元的年度财政预算，在 1961 年，肯尼迪任期内的第一个年度预算导致了美国历史上第一次非战争、非经济衰退引起的财政赤字。

作为总统，肯尼迪审查了之前针对死刑政策的联邦决议案和军事决议案。艾奥瓦州州长哈罗德·休斯是一名死刑反对者，他以个人名义联系肯尼迪，请求他宽待维克多·费戈尔——名曾经在艾奥瓦州法院被判处死刑的罪犯，但肯尼迪最终拒绝了这个请求，最后费戈尔于 1963 年 3 月 15 日被处以死刑。1962 年 2 月 12 日，肯尼迪对一名被军事法庭判处死刑的海军士兵吉米·汉德森予以减刑，把死刑减为无期徒刑。

在美国，国家默许的种族歧视造成的动荡是肯尼迪时代最大的国内问题之一。美国联邦最高法院已经于 1954 年在布朗诉托皮卡教育局案中规定，在公立学校实行种族隔离制度是违背宪法的。然而，在很多学校特别是在美国南部的学校，并没有服从最高法院的相关规定。种族隔离在公车上、餐厅里、电影院里、厕所里和其他一些公共场所都在继续着。肯尼迪支持种族融合与公民权益，在 1960 年的一次活动中他致电给科丽塔·斯科特·金——被判刑入狱的牧师马丁·路德·金的夫人，肯尼迪认为马丁·路德·金可以为他带来一些来自于黑人的支持。肯尼迪和他的弟弟司法部长罗伯特·肯尼迪的介入，为提前释放马丁·路德·金奠定了基础。

1962 年，詹姆斯·莫瑞德斯尝试去密西西比州大学上课，但白人大学生对其百般阻挠。之后肯尼迪派了 400 名法警以及 3000 名士兵以确保莫瑞德斯可以顺利地上他的第一节课。肯尼迪还派遣了一些法警去保护主张自由的人士。

作为一名总统，肯尼迪最初认为民权的草根运动只会激怒南部的白人，从而使民权法案更难在国会通过，因为国会主要被南部民主党人士占据，所以肯尼迪自己也对他们和这件事敬而远之。最后的结果就是许多民权领袖认为，肯尼迪不支持他们以及他们所作的努力。

1963 年 11 月 6 日，阿拉巴马州州长乔治・华莱士堵住了亚拉巴马大学教室的门，以阻止两个非洲裔学生薇薇安・马龙・琼斯和詹姆斯・霍德去上课，肯尼迪总统对此进行了干预。乔治・华莱士在法警、副总检察长尼古拉斯・卡岑巴赫和亚拉巴马州国民警卫队到来之后站到了一旁。在那一晚肯尼迪通过国家电视及广播作了著名的讲话。肯尼迪的倡导最后变成了 1964 年公民权益法案。

第二次世界大战后，由于受亚非国家有色人种争取民族独立斗争胜利的鼓舞，以及工业化的发展，大批黑人流入城市。美国黑人是美国人数最多的少数民族，长期受到种族歧视，处于社会最底层，这使黑人地位问题成为全国性问题。20 世纪 50 年代中期至 60 年代中期，美国黑人掀起了反对种族歧视和种族压迫，争取政治经济和社会平等权利的大规模斗争运动。

长久以来，美国国内存在的一个尖锐的社会问题就是对黑人的种族歧视和压迫。在就业方面存在种族歧视，黑人一般从事笨重的劳动和最受轻视的职业，平均工资只有白人的 1/3~1/2，失业比例很高。在教育、住房、交通等方面存在明显的种族隔离。这一切矛盾在积累了多年之后终于爆发出来，反种族歧视斗争以小石城事件为标志蓬勃的开展开来。

在小石城事件前后，黑人还开展了反对公共场所和共用事业中种族隔离的斗争。马丁·路德·金博士是最杰出的一名领导者，他领导了多项民权运动。例如1955年12月初，由马丁·路德·金牧师在蒙哥马利市领导的抵制公共汽车运动，很快波及35个城市。起因是12月1日，黑人女裁衣工罗莎·帕可斯夫人在蒙哥马利市乘坐公共汽车时，因拒绝给白人让座而被拘留。12月5日法院以“擅占白人专座”违反隔离法而被判处监禁14天。

1955年，阿拉巴马州蒙哥马利市黑人为反对公共汽车上的种族隔离制度，坚持抵制公共汽车运动达一年之久。在马丁路德金领导下，黑人高举“从今后不要乘坐公共汽车”的标语抵制公共汽车。经过长期斗争，美国最高法院判决公共汽车上的种族隔离违宪。此事件表明，黑人运动由合法斗争发展到非暴力直接行动的新阶段，是黑人民权运动开始的标志。

1956年11月13日，美国联邦最高法院判定，在公共汽车上实行种族隔离即为违宪，在这之后，马丁·路德·金又领导了一系列人权运动并获得了成功。难能可贵的是他主张以和平的方式解决问题，继承了印度圣雄甘地的思想，反对以暴制暴。在1963年马丁·路德·金在聚集了25万人的林肯纪念塔前，发表了举世闻名的演说《我有一个梦想》。

他说：“我梦寐以求地希望，人人生来平等；我梦寐以求地希望，从前的奴隶的儿子和从前的奴隶主的儿子将会像兄弟般地坐在一张桌子旁。我梦寐以求地希望，这个国家有一天将不再根据肤色，而是根据品德来评定一个人的为人。”由于他的非暴力抵抗主张，使他获得了1964年的诺贝尔和平奖。这位优秀的黑人领袖却在几年之后，被狂热的种族分子枪杀。但他的努力没有白费，他领导的非暴力抵抗运动，不但赢得了蒙哥马利市公共汽车种族隔离制度的废除，还赢得了全国全世界对伯明翰市黑人运动的关注和同情；不但胜利地组织了向首都华盛顿的大进军，还深深地打动了包括总统肯尼迪在内的各阶层白人的心；不但促成了美国国会通过民权法案，从法律上正式结束了美国黑人的被歧视地位，还最终使得美国政府颁布了一系列的法令使黑人在法律上能够享受更多的权利。

面对对共产主义者马丁·路德·金的指控，肯尼迪政府同意让联邦调查局对一些人实行窃听，其中包括马丁·路德·金。提出原始指控的除了J.埃德加·胡佛之外别无他人，他十分憎恨金，因为他认为金是个“经常制造麻烦的暴发户”。尽管罗伯特·肯尼迪作为司法部长只书面允许有限度的窃听，但是在胡佛势力控制下的联邦调查局，将权力扩大到可以监控任何和金的生活有关的事，他们认为有必要这样做。林登·约翰逊1967年在国家联盟上的演说中，引用了“窥视”和“窃听”来形容肯尼迪政府，而其实约翰逊自己还继续默许对金和其他人的窃听。

自1862年9月22日，美国第十二届总统林肯发表《解放黑人奴隶宣言》以来，已有147年，但实际上种族之间的隔阂一直根深蒂固的存在着。这种现象在20世纪60年代时有了极大的转变。1964年约翰逊总统签署了《民权法》，1965年又通过了《选民登记法》《移民改革法》和《公平宅地法》等一系列法律。这些措施都旨在消除美国社会黑人与白人之间的隔离界限。

60年代的民权运动标志着美国人对本国种族问题看法的转变，在此之前虽然也有黑人运动，但规模很小且十分分散，并未获得有效的结果。而60年代之后美国白人的种族态度发生了变化，有史以来第一次大多数白人接受了种族平等的观念。民权运动带来了白人种族态度的大变化，使种族歧视无论从法律上还是道义上均被视为错误态度。虽然现在仍存在一些种族歧视现象，不过在多数人的努力之下这一问题最终会得到解决，马丁 · 路德 · 金的梦想也终会实现。

民权问题在马萨诸塞州不是一个重要的争端，因为反对种族歧视的正义法律和持续不断的种族歧视行为在那里已经相安无事地共存了许多年。虽然如此，肯尼迪当众议员和参议员时，都曾参加到两院中拥护民权的小集团中去。他支持一个强有力的公平就业委员会，支持取消人头税，支持反对私刑的立法，并支持修订关于妨碍议事活动的规则。在来自新英格兰的众议员中，他是第一个委派一个黑人做他的工作人员的。

1957年，肯尼迪支持行政部门提出的温和的但是创先例的选举权法案。许多维护民权的民主党人私下也同意莫尔斯的意见，认为放弃传统程序所引起的恶感会使一个强有力的议案更难获得通过。但是由于他们担心在政治上被尼克松和共和党人的策略所击败，所以他们大多数人全投票支持尼克松的裁定，而肯尼迪支持按正常程序的投票，则被民权派的领袖们谴责为企图在总统竞选中争取南方的支持。在全国有色人种协进会的一次代表大会上，在波士顿黑人领袖们的信件中，在报刊社论和专栏文章里肯尼迪的投票都受到了攻击。

他在不止一篇演说中曾引用过一首据说是在一个逝世的议员的文件中找到的传奇式的诗篇。

在生命行将熄灭的余烬里，

令我引以为憾的是：

我做“对”了时，没有人会记住，

我做“错”了时，没有人会忘记。

但是不管这里面有什么政治陷阱，肯尼迪却很感兴趣。自从他在众议院研究了塔夫脱－哈特莱法案以后，他对工会内部一些安全保障措施就很感兴趣。作为参议院劳工委员会劳工立法小组委员会主席，他知道他不可避免地会被卷入听证会上所提出的任何立法建议（虽然他放弃了离开劳工委员会而接受另一个委员会职位的机会）。很多已被挑选出来的，具有人所共知的反劳工观点的工会舞弊调查委员会委员们，特别是具有那些观点的南卡罗莱纳州的斯特罗姆·瑟蒙德，很想在肯尼迪谢绝当委员的情况下接替他的位置。这着重地说明了肯尼迪接受这个职务的艰巨性和必要性。

他决定参加这个委员会。他主持委员会作出有关劳工改革的立法。在他的国会生涯中，他第一次以几年的时间，集中精力排除一切杂务地专搞一项立法。据《基督教科学箴言报》说，他是破釜沉舟，不争取劳工支持他竞选总统了。肯尼迪本人后来有一次超然地自我评价时提到，这“肯定是任何总统候选人所能承担的最艰巨的政治任务了”。

劳工领袖们对他先是冷淡、猜疑，后来则是激烈地反对。劳联一产联主席乔治·米尼在肯尼迪为他提出的改革法案召开的一次听证会上大声嚷道："愿上帝把我们从我们朋友的手中拯救出来吧！"对此，肯尼迪冷静地回答说："米尼先生，我也要说这句话。"机械工人工会主席艾尔·海斯把肯尼迪比作阿根廷独裁者庇隆。其他的人则试图在他们的全国代表大会上谴责他。但是这时参议院共和党领袖威廉·诺兰就一项福利及养老金法案提出并几乎要通过一批反劳工的修正案。米尼和工会的大多数高级领导人才逐渐勉强地认识到，通过某种立法是不可避免的了。而可供选择的对象是：要么通过肯尼迪的劳—资改革法案，以铲除他们既不能否认也不能宽恕的舞弊行为；要么就通过诺兰的劳—资关系法案，以限制他们工会谈判的权利。

在随后发生的斗争中，多数劳联—产联领袖既支持建设性的法案，也支持他们自己志愿的法规。这次斗争使肯尼迪极为深刻地看到了劳工领袖们的品质。贝克、霍法以及他们的流氓朋友这样一伙人很快便从其他人中孤立出来。不过他发现并不是所有正派的工会领袖都能像霍法那样有效地行使权力。在一次旅途中他说，有些人因为多年掌权，已经变得软弱无力，并同他们的工会会员们脱离接触或互不协调了。有些人思想贫乏，单靠他们手下的人和律师来办事。有些人只不过是傀儡，不能有效地控制他们的工会。有些人，例如建筑行业和铁路兄弟工会的领导人很有能力，因为他们把精力全部集中在对会员有影响的问题上，并且对两党的朋友都给以报酬。

企业界的人也怨恨肯尼迪兄弟，因为他们揭露了资方同舞弊分子的勾结。美国律师公会主席也怨恨肯尼迪，因为他发表声明指责，有组织的律师对于其会员同舞弊分子勾结侵吞工会经费的事显得漠不关心，而他对此则深表关切。各种各样的民主党政客也对肯尼迪兄弟俩施加压力。当那个以伊利诺斯州民主党全国委员会委员和史蒂文森密友的身份闻名的杰克·阿维，代表一个当事人要求参议员肯尼迪进行调解时，参议员告诉他只有总顾问肯尼迪能制止调查。等阿维和他的同事离开去委员会办公室以后，参议员把鲍勃叫来告诉他，他认为这个请求令人作呕。

随着这些反对者的压力增大，肯尼迪的决心也增大了。在由拉尔夫·邓根、哈佛大学劳工法专家阿奇博尔德·考克斯，以及其他六位学者组成的一个小组的帮助下，他起草了一份劳工改革法案，掌握了劳工法错综复杂的细节，并且第一次真正掌握了立法的程序。1958年，肯尼迪—艾夫斯法案在参议院以八十八票对一票获得通过，结果在众议院却被葬送了。1959年，经过在院内长期艰巨的斗争，肯尼迪—欧文法案以九十票对一票获得通过。

这个法案于是同众议院所通过的兰德勒姆—格里芬法案一起提交会议进行协商。肯尼迪宁愿通过一项折衷方案而不愿什么法案也不通过，他终于能从众议院通过的法案中删去了十五项限制工会正常活动的条款，同时却保存了他自己的关于限制工会舞弊行为的条款。虽然最后的文本总体来说更接近于参议院的法案，但他却认为法案不冠上他的姓名是更为策略的。

在这项长期的立法努力中，贯穿了调查性的探索工作。当他签署麦克莱伦委员会报告时，一些全国性的和马萨诸塞州的工会领袖们被激怒了。他回答说，如果他不签字，他在参议院里关于这个问题的信用就会丧失掉。但是这使他在政治上既有损失也有收获。电视观众们对肯尼迪兄弟越来越熟悉了，他们看到肯尼迪兄弟严厉地盘问那些不诚实的工会领袖，并教训那些滥用诚实会员基金的骗子。同麦卡锡的作风不一样，这个委员会给一切证人以提出事先准备好的声明的权利，给予提出问题进行盘问的权利和获得证词文本的权利，反对一人作证，完全防止自证其罪。

不过他在参议院里冒着风险去得罪的对象，在传统的民主党联盟的成员中还不止是黑人和南方人。有组织的劳工长期以来一直是肯尼迪强有力的同盟者。他在参众两院任职期间，始终都在两院的劳工委员会内工作。劳工领袖们赞赏他在众议院反对塔夫脱—哈特莱法案，在参议院带头争取提高最低工资、改善社会保险，其中包括医疗照顾、支援经济萧条地区，以及确定全国失业补助金的标准等。他在劳工方面作出的成绩，用夸张的政治语言来说，是百分之一千的。马萨诸塞州的卡车司机工会一贯是拥护肯尼迪的。但在1957~1959年间，肯尼迪和他的劳工界朋友之间的关系却变得十分紧张。

为了进一步搜集常设调查小组委员会（当时由约翰·麦克莱伦为主席，罗伯特·肯尼迪为总顾问）最初揭发出的工会贪污的材料，参议院在1957年成立了一个调查工会舞弊行为的专门调查委员会，由麦克莱伦小组委员会和参议院劳工委员会抽调人员组成。麦克莱伦和鲍勃·肯尼迪继续担任原来的工作，约翰·肯尼迪也应邀参加。

他知道这意味着要拿他同有组织的劳工的良好关系冒险，而且至少有两名想担当国家重任的参议员亨利·杰克逊和斯图尔特·赛明顿都拒绝参加。当时还有暗示说，只要鲍勃·肯尼迪“做得漂亮”，全国卡车司机工会就支持约翰当总统候选人。

在竞选总统期间，肯尼迪就多次在黑人大会上发表演讲，斥责南方实行的种族隔离制度，并承诺当选之后支持民权立法，采取更多的行政措施对付种族隔离制度。如果此时肯尼迪的这番表态还让人怀疑他是否为了争夺选票的话，那么他在就职总统后的第二天即采取的行动，则令人无可争辩地确信他是美国历史上的第二个林肯。肯尼迪向海岸警卫队指挥官打电话，询问他在前一天检阅部队时怎么未见一位黑人的身影。在第一次内阁会议上，他便要求每一位内阁成员检查一下自己部门任用黑人的情况。调查表明，国务院3674 名官员中只有 15 名黑人；司法部 950 多名律师中只有 10 名黑人。于是他签署总统令，指示所有政府机构立即提交一份结束歧视性就业规定的计划。他自己带头示范做表率，不仅身边的特工随从人员和白宫的汽车司机由黑人担任，而且像副新闻秘书、住房建筑署署长等高级白宫官员也开始由黑人担任。这都是史无前例的。在此后的 1000 天里，黑人第一次被任命为驻外大使，第一次被任命为合众国的检察长，奉命担任联邦高级职务的黑人比历史上任何时期都要多。

肯尼迪还设立了就业机会均等委员会，此委员会掌管着 2000 万人的就业岗位，一律向黑人开放。同时，它把政府订单只给予没有歧视黑人就业的公司，引导许多企业改变了歧视黑人的做法。此外，美国各个职业介绍机构全部接到通知，要它们拒绝接受上面注有“只收白人”的招聘广告和合同；联邦各个雇员工会和娱乐团体也得到通知，要它们对实行种族歧视的组织都不予承认。

受肯尼迪“人权并非来自政府施舍，而是上天所赐”的就职演说鼓舞，黑人空军退役士兵梅雷迪斯在当天就向密西西比大学申请入学。但遭到了校方的拒绝，于是他毅然向法院起诉了校方，每一级的法院判决都支持他入学，但校方和密西西比州的官员联合起来抗拒法院的命令。2500多名种族主义分子手持棍棒、砖头、瓶子、燃烧弹和枪支，焚烧大楼，砸烂桌椅板凳，并开着推土机在校园里横冲直撞。肯尼迪命令州长调集警察平息暴乱，但依然控制不了局面。于是肯尼迪命令近2万的军队开进小镇和校园，驱散了暴徒，约有200名肇事者被逮捕。第二天早上，梅雷迪斯在一群执法警官的陪同下，终于正式注册入学了。

1961年5月，一些白人和黑人大学生共同乘坐公共汽车穿越亚拉巴马州和密西西比州，以实际行动表明要废除旅馆、公共汽车站候车室和洗手间里的种族隔离制度。一路上，他们经常受到白人暴徒和三K党党徒的袭击，当地警察却对此视而不见。肯尼迪立即派遣600名联邦执法警察前去保护这些“自由乘车者”。

1963年6月11日，肯尼迪向国会送交了民权法案。主要有三项内容：一是禁止在公共服务行业的场所实行种族歧视。二是授权司法部长，在黑人学生或家长由于缺乏办法或担心报复，而不去抵制公共教育中的种族歧视时，可以主动发起诉讼。三是授权联邦政府对任何实施种族歧视，计划或工作，可以停止财政拨款。这项法案是战后美国政府提出的范围最为广泛的民权立法建议。

民意测验表明，美国白人多数赞同民权法案，但同时又认为肯尼迪走得太快了。肯尼迪不是不知道，他的立场会对马上到来的第二次总统竞选带来相当不利的影响。他曾向一位黑人领袖说：“这个争端可能使我落选，但我们决不回头。”或许他可以在第二次当选总统后的任期内，再着手这项最为艰难的工作。但良知提醒他，每推延一天，不知会有多少黑人饱受凌辱；每推延一年，又不知会有多少黑人死于非命。歧视固然可怕，但比歧视更可怕的是对歧视现象的冷漠与容忍。因此他不断地呼吁：“是行动的时候了。”

1963 年，在纪念林肯的第一次解放宣言 100 周年时，肯尼迪写道：“那个宣言仅仅迈开了第一步，不幸的是，宣言的作者没有能够活下去推进这一工作。”许多人把他的民权演说和民权法案称为“第二次解放宣言”，同样不幸的是，宣言的作者没有能够活下去推进这一工作。1963 年 11 月 22 日，肯尼迪在美国极右势力的中心，得克萨斯州的达拉斯市被枪击身亡。一个天主教徒，一个亿万富翁的儿子，一个战火中奋不顾身救起落难战友的海军战士，一个美国历史上最年轻的总统，给他的人民和他的亲友留下了绵延不绝的思念与追问。

1961 年，肯尼迪签署了行政命令，建立了妇女地位总统委员会。委员会统计显示妇女仍然受到歧视。该委员会有关指出法律和文化障碍的最终报告于 1963 年 10月，即肯尼迪被暗杀前的一个月发表。

肯尼迪还使用了联邦机构的权力阻止美国钢铁价格的升势。《华尔街日报》撰文写道：“政府利用赤裸裸的权力、威胁和国家安全警察控制了钢铁的价格。”耶鲁大学法学教授查尔斯·瑞克在《新共和》刊物上写道：“行政当局利用大陪审团非常快的控制了美国钢铁，这个行为已经侵犯了公民自由。”

《1965 年美国移民和国籍法案》的前身是约翰·肯尼迪提出了一个全面的移民政策，由肯尼迪的兄弟参议员爱德华·肯尼迪发起。

这个政策戏剧性地指出，移民的来源地从北欧和西欧国家转移到拉丁美洲和亚洲国家，并且把挑选移民的条件转移到促进家庭团聚。肯尼迪希望可以突破之前以移民原居住国家为重点的挑选条件，他把这项政策看作对民权政策的延伸。

第二节 肯尼迪于1963年在白宫发表关于民权的电视讲话

Good evening, my fellow citizens.

This afternoon, following a series of threats and defiant statements, the presence of Alabama National Guardsmen was required on the University of Alabama to carry out the final and unequivocal order of the United States District Court of the Northern District of Alabama. That order called for the admission of two clearly qualified young Alabama residents who happened to have been born Negro. That they were admitted peacefully on the campus is due in good measure to the conduct of the students of the University of Alabama, who met their responsibilities in a constructive way.

I hope that every American, regardless of where he lives, will stop and examine his conscience about this and other related incidents. This Nation was founded by men of many nations and backgrounds. It was founded on the principle that all men are created equal, and that the rights of every man are diminished when the rights of one man are threatened.

Today, we are committed to a worldwide struggle to promote and protect the rights of all who wish to be free. And when Americans are sent to Vietnam or West Berlin, we do not ask for whites only. It ought to be possible, therefore, for American students of any color to attend any public institution they select without having to be backed up by troops.

It ought to be possible for American consumers of any color to receive equal service in places of public accommodation, such as hotels and restaurants and theaters and retail stores, without being forced to resort to demonstrations in the street, and it ought to be possible for American citizens of any color to register and to vote in a free election without interference or fear of reprisal.

It ought to be possible, in short, for every American to enjoy the privileges of being American without regard to his race or his color. In short, every American ought to have the right to be treated as he would wish to be treated, as one would wish his children to be treated. But this is not the case.

The Negro baby born in America today, regardless of the section of the State in which he is born, has about one-half as much chance of completing a high school as a white baby born in the same place on the same day, one-third as much chance of completing college, one-third as much chance of becoming a professional man, twice as much chance of becoming unemployed, about one-seventh as much chance of earning $10,000 a year, a life expectancy which is 7 years shorter, and the prospects of earning only half as much.

This is not a sectional issue. Difficulties over segregation and discrimination exist in every city, in every State of the Union, producing in many cities a rising tide of discontent that threatens the public safety. Nor is this a partisan issue. In a time of domestic crisis men of good will and generosity should be able to unite regardless of party or politics. This is not even a legal or legislative issue alone. It is better to settle these matters in the courts than on the streets, and new laws are needed at every level, but law alone cannot make men see right. We are confronted primarily with a moral issue. It is as old as the Scriptures and is as clear as the American Constitution.

The heart of the question is whether all Americans are to be afforded equal rights and equal opportunities, whether we are going to treat our fellow Americans as we want to be treated. If an American, because his skin is dark, cannot eat lunch in a restaurant open to the public, if he cannot send his children to the best public school available, if he cannot vote for the public officials who will represent him, if, in short, he cannot enjoy the full and free life which all of us want, then who among us would be content to have the color of his skin changed and stand in his place? Who among us would then be content with the counsels of patience and delay?

One hundred years of delay have passed since President Lincoln freed the slaves, yet their heirs, their grandsons, are not fully free. They are not yet freed from the bonds of injustice. They are not yet freed from social and economic oppression. And this Nation, for all its hopes and all its boasts, will not be fully free until all its citizens are free.

We preach freedom around the world, and we mean it, and we cherish our freedom here at home, but are we to say to the world, and much more importantly, to each other that this is the land of the free except for the Negroes; that we have no second-class citizens except Negroes; that we have no class or caste system, no ghettoes, no master race except with respect to Negroes?

Now the time has come for this Nation to fulfill its promise. The events in Birmingham and elsewhere have so increased the cries for equality that no city or State or legislative body can prudently choose to ignore them. The fires of frustration and discord are burning in every city, North and South, where legal remedies are not at hand. Redress is sought in the streets, in demonstrations, parades, and protests which create tensions and threaten violence and threaten lives.

We face, therefore, a moral crisis as a country and a people. It cannot be met by repressive police action. It cannot be left to increased demonstrations in the streets. It cannot be quieted by token moves or talk. It is a time to act in the Congress, in your State and local legislative body and, above all, in all of our daily lives.

It is not enough to pin the blame on others, to say this a problem of one section of the country or another, or deplore the facts that we face. A great change is at hand, and our task, our obligation, is to make that revolution, that change, peaceful and constructive for all.

Those who do nothing are inviting shame, as well as violence. Those who act boldly are recognizing right, as well as reality.

Next week I shall ask the Congress of the United States to act, to make a commitment it has not fully made in this century to the proposition that race has no place in American life or law. The Federal judiciary has upheld that proposition in a series of forthright cases. The Executive Branch has adopted that proposition in the conduct of its affairs, including the employment of Federal personnel, the use of Federal facilities, and the sale of federally financed housing.

But there are other necessary measures which only the Congress can provide, and they must be provided at this session. The old code of equity law under which we live commands for every wrong a remedy, but in too many communities, in too many parts of the country, wrongs are inflicted on Negro citizens and there are no remedies at law. Unless the Congress acts, their only remedy is the street.

I am, therefore, asking the Congress to enact legislation giving all Americans the right to be served in facilities which are open to the public—hotels, restaurants, theaters, retail stores, and similar establishments. This seems to me to be an elementary right. Its denial is an arbitrary indignity that no American in 1963 should have to endure, but many do.

I have recently met with scores of business leaders urging

them to take voluntary action to end this discrimination, and I have been encouraged by their response, and in the last two weeks over 75 cities have seen progress made in desegregating these kinds of facilities. But many are unwilling to act alone, and for this reason, nationwide legislation is needed if we are to move this problem from the streets to the courts.

I'm also asking the Congress to authorize the Federal Government to participate more fully in lawsuits designed to end segregation in public education. We have succeeded in persuading many districts to desegregate voluntarily. Dozens have admitted Negroes without violence. Today, a Negro is attending a State-supported institution in every one of our 50 States, but the pace is very slow.

Too many Negro children entering segregated grade schools at the time of the Supreme Court's decision nine years ago will enter segregated high schools this fall, having suffered a loss which can never be restored. The lack of an adequate education denies the Negro a chance to get a decent job.

The orderly implementation of the Supreme Court decision, therefore, cannot be left solely to those who may not have the economic resources to carry the legal action or who may be subject to harassment.

Other features will be also requested, including greater protection for the right to vote. But legislation, I repeat, cannot solve this problem alone. It must be solved in the homes of every American in every community across our country.

In this respect I wanna pay tribute to those citizens North and South who've been working in their communities to make life better for all. They are acting not out of sense of legal duty but out of a sense of human decency. Like our soldiers and sailors in all parts of the world they are meeting freedom's challenge on the firing line, and I salute them for their honor and their courage.

My fellow Americans, this is a problem which faces us all—in every city of the North as well as the South. Today, there are Negroes unemployed, two or three times as many compared to whites, inadequate education, moving into the large cities, unable to find work, young people particularly out of work without hope, denied equal rights, denied the opportunity to eat at a restaurant or a lunch counter or go to a movie theater, denied the right to a decent education, denied almost today the right to attend a State university even though qualified.

It seems to me that these are matters which concern us all, not merely Presidents or Congressmen or Governors, but every citizen of the United States.

This is one country. It has become one country because all of us and all the people who came here had an equal chance to develop their talents. We cannot say to ten percent of the population that you can't have that right; that your children cannot have the chance to develop whatever talents they have; that the only way that they are going to get their rights is to go in the street and demonstrate. I think we owe them and we owe ourselves a better country than that.

Therefore, I'm asking for your help in making it easier for us to move ahead and to provide the kind of equality of treatment which we would want ourselves; to give a chance for every child to be educated to the limit of his talents.

As I've said before, not every child has an equal talent or an equal ability or equal motivation, but they should have the equal right to develop their talent and their ability and their motivation, to make something of themselves.

We have a right to expect that the Negro community will be responsible, will uphold the law, but they have a right to expect that the law will be fair, that the Constitution will be color blind, as Justice Harlan said at the turn of the century.

This is what we're talking about and this is a matter which concerns this country and what it stands for, and in meeting it I ask the support of all our citizens.

Thank you very much.

同胞们：晚上好！

今天下午，继一系列恐吓与挑衅性声明之后，阿拉巴马州国民卫队受命到阿拉巴马大学，执行美国阿拉巴马州北区地区法院不容置疑的终审裁定。该裁定要求允许两位恰好生为黑人，但显然合格的阿拉巴马州年轻居民入学。他们得以安然入学，很大程度上归功于阿拉巴马大学学生们的举动，这些学生以建设性的方式履行了自己的责任。

我希望每个美国人，无论身居何处，都静下心来就此事及其他相关事件扪心自问。美国是由具有不同背景的多民族人民建立起来的国家。其建国原则是人人生来平等，一人权利受威胁则人人权利被削弱。

今天，我们致力于促进和保护全球所有向往自由者之权利的斗争。当派遣美国人去越南或西柏林时，我们并不要求都是白种人。因此，任何肤色的美国学生都应当可以到其选择的任何公立学府就读，而无须部队做后盾。

任何肤色的美国消费者都应当在宾馆、餐厅、剧场和零售店等公共场所接受平等的服务，而不会被迫上街示威；任何肤色的美国公民都应当注册参加自由选举投票，而不会受到阻挠或害怕报复。

总而言之，每个美国人都应当享有身为美国人的特权，而不必顾及其种族或肤色。每个美国人都应当有权受到其所希望的待遇，受到任何人都希望自己子女所受到的待遇。但事实却并非如此。

今天出生在美国的黑人孩子，无论出生在美国何地，与同日同地出生的白人孩子相比，其完成中学学业的可能性约为 1/2，完成大学学业的可能性为 1/3，成为专业人士的可能性为 1/3，失业的可能性为 2 倍，每年挣得 10000 美元的可能性约为 1/7，预期寿命缩短 7 年，而预期收入则只有一半。

这不是地区性问题。种族隔离与歧视的难题存在于每座城市，存在于联邦的每个州，从而在许多城市引起日益高涨的不满情绪，这种不满情绪威胁着公共安全。这也不是党派性问题。在国内危机时期，善良慷慨的人应当能够不分党派或政治主张地团结起来。这甚至不仅是法律或立法性问题。这些问题在法庭解决要比在街上解决更好，而每一层次都需要制定新的法律，但仅有法律并不能让人们看到正义，我们面对的主要是道义性问题。这个问题像圣经一样古老，如《美国宪法》一般明确。

问题的核心是，所有美国人是否都应当享有平等的权力和平等的机会，我们是否能像我们希望他人对待我们一样去对待我们的美国同胞。如果一个美国人因肤色黝黑而不能在公共餐厅就餐，不能送子女到最好的公立学校就读，不能投票选举代表自己的公职人员，总而言之，不能享受我们大家都希望享受的全部自由生活，那么，我们当中有谁愿意改变自己的肤色，设身处地的体验一下？我们当中又有谁会满足于让你耐心等待的劝告?

林肯总统解放奴隶已经过去一百年，而他们的子孙后代尚未得到全面解放。他们尚未从不公正的枷锁中解放出来，他们尚未从社会和经济的压迫中解放出来。而这个国家，尽管有诸多希望和荣耀，却不会得到全面解放，直到其全体公民都得到解放。

我们在全世界宣扬自由，我们说到做到，我们珍惜我们在本国的自由。但是，我们如何对世界说，更重要的是我们如何对身边的人说："这是自由的国度，但黑人除外；我们没有二等公民，但黑人除外；我们没有等级或阶级制度，没有种族隔离聚居区，没有优等民族，但黑人除外？"

现在是这个国家该履行其诺言的时候了。伯明翰等地的事件使要求平等的呼声如此高涨，令任何城市、州或立法机构都无法选择视而不见。失望和纷争之火在每座城市燃烧，在南北方没有法律补救措施的地方燃烧。人们上街示威、游行、抗议，以此来寻求补救之法，然而却制造着紧张情绪，预示着暴力，威胁着生命。

因此，作为一个国家，作为一国人民，我们面临着一场道义危机。这场危机不能靠警方的镇压行动来解决，不能将其留给街头上日益浩大的示威游行去解决，也不能靠象征性的举动或说教将其平息下去。已经到了该采取行动的时刻，要在国会采取行动，要在您所在的州和地方立法机构采取行动，尤其是要在我们日常生活的方方面面采取行动。

归咎于他人，或者说成是国家某一地区的问题，或者哀叹我们所面对的事实，这些都不足以解决问题。一场重大变革在即，而我们的任务、我们的义务是使这场革命、这场变革对于所有人都是和平的和具有建设性的。

无所作为者是在自取耻辱和鼓励暴力，而勇敢行动者是在承认正义和现实。

下周，我将要求美国国会采取行动，做出其在本世纪尚未完全做出的承诺，以兑现让种族歧视在美国的生活和法律中无立足之地的主张。联邦司法系统在处理其事务的过程中维护了这一主张，这些事务包括雇用联邦人员、使用联邦设施和出售联邦投资的房产。

但是，还有一些只有国会才能采取的必要措施，必须在本次会议上采取。我们生活所遵循的古老公平的法典要求有错必纠，但是，在我国很多地区，很多社团中，黑人公民正蒙受着不公正的待遇，却没有依法补救的措施。除非国会采取行动，否则他们唯一补救的方法就是走上街头。

因此，我要求国会立法，赋予所有美国人在宾馆、餐厅、剧场、零售店以及类似公共场所享受服务的权利。这在我看来是一项基本权利。对这项基本权利的剥夺是恣意损害公民尊严的行为，是 1963 年的美国人不应当被迫容忍的行为，但有许多人却在容忍。

我最近会见了许多工商界领导人，敦促他们采取主动措施来终止这种歧视。我为他们的响应感到鼓舞。过去两周中，我在 75 座城市看到这类场所在取消种族隔离方面取得了进展。但是，有许多人不愿单独采取行动。因此，如果我们要将此问题从街头转移到法庭，就需要有全国性的立法。

我还要求国会授权联邦政府更全面地干预旨在终止公共教育界种族隔离制度的诉讼案。我们已经成功地说服许多区主动废除种族隔离制度，有数十所学校平和地接收了黑人学生。今天，我们 50 个州中的每个州都有一名黑人学生到州立学府就读，但这样的进展速度非常缓慢。

在 9 年前最高法院裁决时，有很多黑人儿童进入种族隔离的小学，他们将在今年秋季进入种族隔离的中学，因此蒙受了永远无法弥补的损失。黑人由于缺乏足够的教育而失去了获得体面工作的机会。

因此，不能把有序执行最高法院裁决的任务，完全留给可能没有财力进行法律诉讼的人，或者可能受到困扰的人。

我还将要求采取其他重要举措，包括加大对投票权的保护力度。但是，我再说一遍，只靠立法不能解决这一问题。必须在我国每个社区的每个美国人的家里解决这一问题。

在这方面，我要赞美一直在其社区致力于改善所有人生活的南方和北方的公民们。他们的行为不是出于法律义务感，而是出于人的道义感。像我们在世界各地的陆海军战士一样，他们在火线上迎接着对自由的挑战，我为他们的荣誉和勇气向他们致敬。

同胞们，这是我们全体人民面临的问题，是南方和北方每座城市的美国人面临的问题。今天，有两到三倍于白人的黑人失业，黑人得不到适当的教育，黑人移居大城市后找不到工作，特别是年轻黑人无望地失业，黑人被剥夺了平等的权利，黑人被剥夺了在餐厅或小吃店就餐或者去影剧院的机会，黑人被剥夺了接受体面教育的权利，而就在今天，还有黑人即使具备资格也险些被剥夺了到州立大学就读的权利。

在我看来，这些问题关系到我们所有人，不仅仅关系到总统、参议员或州长，而是关系到每个美国公民。

这是一个国家。它之所以成为一个国家，是因为我们大家以及来到这里的每一个人都拥有开发其天赋的平等机会。我们不能对10%的人口说你们不能有这种权利，不能说你们的子女不能有开发其任何天赋的机会，不能说他们争取其权利的唯一方法是上街示威。我认为我们欠他们，也欠我们自己一个比这更好的国家。

所以，我请你们帮助我们取得进展，来提供我们自己想要的那种平等待遇；协助我们为每个儿童提供机会，接受教育，充分开发其天赋。

我曾经说过，并非每个儿童都具有同等的天赋、能力或能动性，但他们应当拥有开发其天赋、能力和能动性的平等权利，以便能凭己之力有所成就。

我们有权利期望黑人社区负起责任并维护法律；但他们也有权利期望法律公平，期望《宪法》对不同肤色一视同仁，正如哈兰大法官在世纪之交时所说。

这就是我们所谈的问题，而这问题关系到这个国家及其主张。为解决这一问题，我请求我们的全体公民予以支持。

非常感谢你们。

第三节 精彩语录

I hope that every American, regardless of where he lives, will stop and examine his conscience about this and other related incidents. This Nation was founded by men of many nations and backgrounds. It was founded on the principle that all men are created equal, and that the rights of every man are diminished when the rights of one man are threatened.

我希望每个美国人，无论身居何处，都静下心来就此事及其他相关事件扪心自问。美国是由具有不同背景的多民族人民建立起来的国家。其建国原则是人人生来平等，一人权利受威胁则人人权利被削弱。

For every American to enjoy the privileges of being American without regard to his race or his color. In short, every American ought to have the right to be treated as he would wish to be treated, as one would wish his children to be treated. But this is not the case.

每个美国人都应当享有身为美国人的特权，而不必顾及其种族或肤色。每个美国人都应当有权受到其所希望的待遇，受到任何人都希望自己子女所受到的待遇。

The heart of the question is whether all Americans are to be afforded equal rights and equal opportunities, whether we are going to treat our fellow Americans as we want to be treated. If an American, because his skin is dark, cannot eat lunch in a restaurant open to the public, if he cannot send his children to the best public school available, if he cannot vote for the public officials who will represent him, if, in short, he cannot enjoy the full and free life which all of us want, then who among us would be content to have the color of his skin changed and stand in his place? Who among us would then be content with the counsels of patience and delay?

问题的核心是，所有美国人是否都应当享有平等的权力和平等的机会，我们是否能像我们希望他人对待我们一样去对待我们的美国同胞。如果一个美国人因其肤色黝黑而不能在公共餐厅就餐，不能送子女到最好的公立学校就读，不能投票选举代表自己的公职人员，总而言之，不能享受我们大家都希望享受的全部自由生活，那么，我们当中有谁愿意改变自己的肤色，设身处地的体验一下？我们当中又有谁会满足于让你耐心等待的劝告？

We preach freedom around the world, and we mean it, and we cherish our freedom here at home, but are we to say to the world, and much more importantly, to each other that this is the land of the free except for the Negroes; that we have no second-class citizens except Negroes; that we have no class or caste system, no ghettoes, no master race except with respect to Negroes?

我们在全世界宣扬自由，我们说到做到，我们珍惜我们在本国的自由。但是，我们如何对世界说，更重要的是我们如何对身边的人说："这是自由的国度，但黑人除外；我们没有二等公民，但黑人除外；我们没有等级或阶级制度，没有种族隔离聚居区，没有优等民族，但黑人除外？"

In this respect I wanna pay tribute to those citizens North and South who've been working in their communities to make life better for all. They are acting not out of sense of legal duty but out of a sense of human decency.

我要赞美一直在其社区致力于改善所有人生活的南方和北方的公民们。他们的行为不是出于法律义务感，而是出于人的道义感。

This is one country. It has become one country because all of us and all the people who came here had an equal chance to develop their talents.

这是一个国家。它之所以成为一个国家，是因为我们大家以及来到这里的每一个人都拥有开发其天赋的平等机会。

第四章

我是一个柏林人

第一节 背景介绍

约翰·肯尼迪关于和平的概念不仅意味着不存在战争，而是要求建立一个稳定的由自由和独立的国家所组成的共同体，摆脱共产主义赖以生存的动乱和斗争；它要求丰衣足食的国家帮助因贫穷而孱弱的国家。他一进入白宫后，最优先考虑的就是美国援助新兴和发展中国家的计划。他说，今天保卫自由和扩大自由的巨大战场是在地球的整个南半部——亚洲、拉丁美洲、非洲和中东，是在日益觉醒的各国人民的国土上。他们的革命是人类历史上最伟大的革命，他们谋求结束不公正、暴政和剥削。他们不只是谋求结束，而是寻求新的开端。

他把使那些国家获得新的动力的经济援助计划，看作是可以帮助他们从头干起的主要手段。这项计划不仅是理想主义或慷慨解囊的问题。这些幅员广阔的不发达的大陆在没有重大战争的情况下，是东西方冲突的关键地区。它们社会的现代化和成熟度将会加强美国的安全。他认识到每一个穷国都处于不同的阶段，面临着不同的问题。他强调指出，除非受援国根据一个长期的经济计划利用本国的资源，否则任何数量的美国援助也是不会有效的。可是他争取使受援国做到自我帮助和自己革新等方面的努力，只部分取得了成功。在争取其他工业化国家进行较大的合作方面，他所作出的努力也同样只取得了部分成功。最后，在他对美国援助计划进行彻底的整顿和提供长期的资金方面，他所作努力的效果也不例外。

如上所述，国会对外援的反对年年有所增加，总统的恼怒也因之一年年有所增加。有一天晚上他说："他们尽量把话讲得十分堂皇，高谈什么首先由我国人民树立起一个榜样来。可是在人民的平均寿命为四十岁的国家里，老年人的医疗照顾有什么意义呢？如果大多数人是文盲或从未上过学，那么谁又会对我们的教育计划获得深刻的印象呢？我完全赞成帮助贫困地区和失业者，但这些人关心的只是生存。"

他经常在记者招待会上或在公开发表的演说中用他希望国会和全国都能理解的词句来表达这种愤慨。

"任何国家如果在同贫困和绝望作斗争中就已耗尽了精力，就很难集中力量去对付外来威胁和颠覆的威胁。……我们每年花五百亿美元去制止共产主义的军事扩张，却舍不得花不到这笔款项的十分之一去帮助其他国家消除共产主义一直赖以滋长蔓延的社会动乱。对我们来说，这样去对付共产主义的恐怖是毫无意义的。

最使肯尼迪感到自豪的就是建立和平队。这是他在 1960 年竞选运动中提出来的一个独特的机构，在他上任后的头一百天中就成立起来了，其人员都是具有他所号召的那种献身精神的美国人。和平队是一支拥有几百人的骨干力量，后来发展到几千人。他们大多数是年轻的志愿人员，把美国的活力和技术直接带给了贫穷国家的人民。他们在那些国家的村庄里同当地的人民一起生活，讲他们的语言，帮助他们开发自然资源和人力资源，除了从助人中得到的乐趣外没有什么其他的报酬。和平队后来成为——至少在发展中的国家内——约翰·肯尼迪的希望与诺言中最鼓舞人心的象征。

然而，和平队的建立不是一帆风顺的。自由派人士贬低它，认为它是骗人的玩意儿。保守派人士把它当作“垮掉的一代”派和幻想家的荒诞的避风港而加以否定。共产党国家谴责它是间谍的外围组织。许多十分需要它的中立国家的领袖对它非常憎恶并横加嘲弄。而它自己的支持者甚至在它还未成立之前，就已经议论着要建立一支联合国和平队和一支国内和平队以及十几支其他的分队来使它泄气。在 1961 年，遇到关键的唱名投票时，共和党的反对力量无论在众议院还是在参议院都是很强的。

但是总统以及他能干的富于理想的妹夫——和平队队长萨金特·施赖弗细心而坚持不懈地建立起了这支队伍。他们保证和平队在国际事务和国内事务中都是非政治性的，并且表明和平队只开往那些明确地发出邀请的国家。中央情报局要利用和渗入和平队的企图遭到了坚决而成功的抵制。施赖弗以一种只有亲属才具备的说服力劝说总统改变了把和平队置于极不受人欢迎的国际开发署领导之下的决定。申请参加和平队的人全经过仔细挑选和全面训练，不合适的人立即被淘汰。和平队的国家和地方干事都异常称职。总统实事求是、注意实效地描述了和平队的使命，把这项满腔热情的事业委托给了施赖弗。

经历了产前的阵痛和成长中的苦楚之后，和平队终于茁壮地成长起来了。拨给和平队的款项逐年增加，反对的人也减少了。每一个驻有和平队志愿人员的国家都要求再多派去一些。这些志愿人员很少犯错误，也很少出事——在东道国的首都之外，他们比任何美国外交人员都更为人们所熟悉。他们担任教师、医生、护士、农业人员、木匠以及各行各业的各级技术人员，他们成为了美国最得力的理想主义使节。他们还使美国对世界上落后地区的生活状况有了充分的了解。

总统同和平队志愿人员之间产生了一条特殊的纽带。今天，他们在某些地区被人称作“肯尼迪的孩子”，而这个称呼也很确切地描写了他和他们之间的感情。有一个和平队队员后来写道，他是真正的志愿人员。而总统一有机会总要一批批接见他们，并说和平队志愿人员是他在就职演说中关于不要求任何报偿的训谕的最热烈的响应。

第二次世界大战以后，德意志民主共和国（简称民主德国或东德）在德国首都柏林己方领土上建立了一座围墙，目的是隔离和德意志联邦共和国（简称联邦德国或西德），从而阻隔东西柏林市民之间的往来，这座围墙被称为柏林墙。柏林墙的建立，是二战以后德国分裂和冷战的重要标志性建筑。1961 年建造，1989 年拆除，之后两德重归统一。柏林墙的建立，是德国历史上难以抹去的一道伤疤，这个民族最大的悲哀，莫过于此次的分裂。

柏林墙与朝鲜半岛上的“三八线”一样，均为“冷战”的产物，又都为水泥所筑，可称得上是欧亚大陆上的两条“姊妹墙”。柏林墙是东德政府根据人民议院 1961 年 8 月 12 日通过的法令，于 8 月

12～13日夜间修筑。目的是制止东德居民包括熟练技工大量流入西德。柏林墙原为铁蒺藜围成的路障，后改筑成2米高顶上带铁丝网的混凝土墙，并在正式的交叉路口和沿线的观察塔楼上设置警卫。1970年，虽然东西德之间关系有所改善，但是东德政府还是把柏林墙加高到3米，以阻止居民逃向西方。到1980年，围墙、电网和堡垒总长达1369千米。除筑墙外还严格限制西柏林与东德之间的人口流动。后根据东西德政府1971年12月20日签署的协议，限制略有放宽。1989年下半年，东欧各国政局剧变。民主德国在向德国西部移民浪潮的冲击下，于同年11月9日，将存在28年3个月的柏林墙推倒，促进了德国的统一。

柏林墙是一个悲剧，是20世纪德意志民族挥之不去的一个梦魇。二次大战的硝烟刚刚飘散，作为战败国的德国一片废墟，断垣残壁，残破不堪，风雨飘摇，美英法苏四大国对其实施分区占领，意识形态的差异，导致冷战的出现。1949年，分裂宛如一把刀子砍在了弱不禁风的德国身上，德意志联邦共和国（联邦德国，西德）与德意志民主共和国（民主德国，东德）相继成立。苏联占领区包括东柏林在内成立德意志民主共和国（简称东德或民主德国），首都定在东柏林，而美英法占领区则成立德意志联邦共和国（简称西德或联邦德国），首都设在波恩，两个德国的分裂对峙从此持续了整整41年，一直到两德统一为止。东德和西德成为东西方两大阵营交锋的最前沿，各为其主，各不相让。这期间，柏林墙的出现，便具有了标志性意义，成为冷战的符号和象征。

第二次世界大战快结束时所缔结的军事和外交协定，没有对西方进入柏林的通道作出明确的保证，只规定该市由四国共管，并把柏林留在远离西德一百英里的苏军控制的东德境内。1948 年，苏联的一系列行动使这个城市分裂为苏联占领的东柏林和西方占领的西柏林。在其后十年中，东柏林和东德与西德的相对应的部分日益隔绝。在 1958 年赫鲁晓夫要求签订对德和约使分裂永远合法化，并结束盟国在东德境内的所有占领权。这项要求以及 1960 年巴黎首脑会议的破裂表明，柏林和德国将是苏联部长会议主席同艾森豪威尔的继任者的议程中最重要的问题。

肯尼迪于 1959 年接见记者时曾预言，总有一天柏林会成为一个考验胆量和意志的场所。但当时他没料到，在处理这座被围的城市的问题上，他自己的胆量和意志那么快就受到一场极其严峻的考验。

东西柏林之间逐步地增加法律上的——在某些情况下是物质上的障碍，其中包括临时关闭大多数通道口，需要特种通行和入境许可证，以及禁止西柏林人在东柏林工作。东德人和东柏林人感觉到他们已被逐步关闭起来，于是越来越多地越过铁幕的主要孔隙，即东西柏林之间的分界线逃跑。到 1961 年夏季，约有三百五十万人离开他们的家庭和工作岗位去西柏林的难民中心和飞机场，使已经衰退的东德经济濒于绝境，并使全世界都关注于他们选择自由胜于选择共产主义的态度。8 月份，由于对战争的恐惧或受到更多的约束，难民外流从每天几百人增加到几千人。

最初柏林市民是能在各区之间自由活动的，但随着冷战紧张气氛的提升，为了防止东德人逃到西德，造成东德严重缺少工人，1952 年东西柏林的边界开始关闭。1949 年到 1961 年大约有 250 万东德人冒着被东德边防射杀的危险逃入西柏林。柏林围墙在

1961年8月13日开始建造，一开始只是铁丝网，后来被换成真正的围墙。东德称此围墙为“反法西斯防卫墙”，但多数西方国家认为建围墙的真正目的是禁止东德人逃入西柏林。在该墙建立后，有人采用跳楼、挖地道、游泳，自制潜水艇、热气球等方式翻越柏林围墙。共有5043人成功逃入西柏林，3221人被逮捕，239人死亡，260人受伤。

1961年8月15日，柏林墙已修建到最后一部分，当时还没有变成2米高顶上带铁丝网的混凝土墙，而仅仅是铁蒺藜的路障。19岁的东德士兵康拉德·舒曼头戴钢盔、肩背长枪大步跃过铁蒺藜樊篱的瞬间，被当时在场的摄影师彼得·雷宾拍了下来，震惊了世界。1962年8月17日，18岁的东德人彼得·费查试图攀越围墙，被东德士兵开枪射杀。当时，有西方记者在场，东西两边的人民都看到他中枪，但没有人施予援手，事件在冷战时期轰动一时。他成为第一个因试图攀墙而被射杀的人。

1979年一个夜晚，从东德一个家庭的后院升起了一个巨大的热气球。气球下面的吊篮里是两个家庭——两对夫妇和他们的四个孩子。这个气球是这两个家庭花了数年的时间手工制成的，逃亡者操纵热气球升高到2800米以上的高空，飞行20多分钟后，他们在西德领土安全着陆。

1989年11月9日，新东德政府开始计划放松对东德人民的旅游限制，但由于当时东德的中央政治局委员君特·沙博夫斯基对上级命令的误解，错误地宣布柏林围墙即将开放，导致数以万计的市民走上街头，拆毁存在了28年3个月的柏林墙，整个德国陷入极度兴奋状态，此事件被称为“柏林围墙倒塌”。柏林人爬上柏林围墙，在上面涂鸦，并且拆下建材当纪念品。11 个月后，两德终于统一，成为“柏林围墙倒塌”后的最高潮。

当年，柏林人对柏林墙进行了彻底摧毁，借此消除他们心中仇恨隔离的屏障。直到今天，柏林人依然对柏林墙是否值得纪念存在很大争议。柏林墙不仅是德国分裂的标志，也是欧洲和世界分裂的标志。

柏林围墙的兴建与倒塌都标志着近代历史的重大变化。它的兴建意味着二战之后东西对峙的冷战时代达到巅峰。而它的倒塌则意味着自由化、民主化、市场化的呼声已沛然莫之能御。柏林围墙倒塌的第二年，即 1990 年 10 月 3 日两德统一。因此柏林围墙倒塌，乃是欧洲及世界史的里程碑事件。它淘汰了历史发展过程中某些专制封闭的政治形式，让全球统一进入了以自由化、民主化和市场化为主导的新秩序中。

赫鲁晓夫曾谈起 1961 年 4 月是他解决柏林问题的最后限期，而他于 1 月 6 日曾发誓要从欧洲心脏拔掉这根刺。可是 6 月份在维也纳同肯尼迪会晤的决定，把一切行动全推迟到这个时间以后。总统在维也纳会晤之前所作的研究中，以及在华盛顿同阿登纳的会谈和在巴黎同戴高乐的会谈中明确地认识到，西柏林是美国的荣誉和决心的试金石，赫鲁晓夫必然会用它来考验盟国的团结和抵抗力。

打动人心的肯尼迪柏林之行，源于 20 世纪 60 年代初柏林处在冷战时期美苏争斗的舞台中心，赫鲁晓夫多次提出要吞并西柏林，而五角大楼甚至制定出一套对苏联发动核打击的作战计划。

1961 年 1 月，赫鲁晓夫又重新发出了这一信息，要求西方国家中止与西柏林的各种联系，接着就发生了古巴导弹危机，人们感到战争一触即发。处在东西方两大阵营前沿的西柏林人每天惶惶不可终日，不少人希望美国能成为他们的救世主和保护神。

柏林墙以高高的带刺铁丝网和混凝土的障碍物封锁了这两个城市的边界，它使家庭朋友分离，把东德人禁锢在内，自由的德国人排除在外，使西方更加有限地进出东柏林，从而使自由世界感到震惊。肯尼迪立即要求他的助手和盟国提出意见，但在这种形势下，他们所讲的没有多大用处。

大家一致认为，东德政权早就有关闭边界通道的力量，它迟早会这样做，大家也同意，墙建在东德领土上，是在苏联管辖区内十三年之久的一系列类似行动中最恶劣的行动，是非法的、不道德的和不近人情的，但它不是进行一场战争的理由。它结束了西柏林对东方作为橱窗和逃生之路的作用，可是不妨碍西方长期强调的三个基本目标：我们留驻在西柏林，我们去西柏林的通道和西柏林人选择他们自己制度的自由。没有一个负责的官员建议盟国军队应向东德领土推进并把墙拆毁。因为正如卢修斯·克莱特后来指出的那样，共产党人可以后退十码、二十码或五百码建立另一堵墙。如果再拆就又再建另一堵，除非西方准备把生死攸关的利益范围扩大到东柏林境内而发动一场战争。任何一个盟国或顾问都不希望西方作出一个刺激性的反应，从而在绝望的东柏林人中间引起一场暴动，这只能造成另一次布达佩斯式的大屠杀。

然而，总统确信需要作出某种反应。不是去威胁共产党人要他们公开承认失败，而是使感到震惊和懊丧的西柏林人恢复士气。最后，为了考验共产党人的意图和显示美国的决心，总统增派一千五百名美国部队，乘装甲车沿高速公路通过东德检查站开到西柏林。他说，将驻军增加一千五百人显然并不能在苏联的直接进攻中守住这个城市，可是西柏林人现在将从我们承担义务的提示中受益，而苏联人将认为这批军队是我们为了那种意图而交出的人质。这是他在旷日持久的柏林危机中最焦虑的时刻，使美国军队同苏联军队进入潜在的对峙状态的第一项命令。他推迟了周末去海恩尼斯港白宫换换环境的惯例，要他的军事助理同这支部队的司令官不断保持接触。当第一分队的六十辆装甲车通行无阻地进入西柏林时，他感到危机的转折点已经到来了。

在 1963 年 6 月 25 日即肯尼迪到访西柏林的前一天晚上，已有几百人带着睡袋聚集在市政府广场前过夜，以便占上一席之地，亲耳聆听美国总统的讲话。26 日早上柏林雷雨交加，9 时 40 分当肯尼迪的“空军一号”座机降落在西柏林机场时，大雨戛然停止，天空出现阳光。从此西柏林人把这种天气称为“肯尼迪天气”。当天 100 多万西柏林居民走上街头，从机场到市区在沿途几十公里的路旁夹道欢迎美国总统。人们含着眼泪，由于没有彩纸，他们就把手中的电话簿撕成碎片，撒在肯尼迪身上。只能容纳 20 万人的市政府广场被近 50 万人挤得水泄不通。

柏林墙被视为冷战的象征，所以肯尼迪想去看看这堵墙。6 月 26 日，肯尼迪徒步参观了柏林墙最著名查理检查站。这里是外国人和盟军官兵进入东柏林的唯一通道，也被认为是“冷战的最前沿”。柏林墙建成后刚刚 2 个月，这里就发生了一场不小的危机。当时一名美国外交官想去东柏林看歌剧，东德士兵要检查他的证件，外交官不同意。此事引发美苏军事对峙，双方各自出动 10 辆坦克，在查理检查站两侧相隔 100 米的距离虎视眈眈。这起事件很快通过谈判解决，当时美方代表是肯尼迪总统的弟弟罗伯特·肯尼迪，苏方则是一名克格勃间谍。

看到把一个民族割成两半的柏林墙，看到西柏林人如此企盼的表情后，肯尼迪感慨万分。从检查站回来肯尼迪就在西柏林市政厅广场，向45万听众发表了那段著名的演讲。他这样讲道："两千多年前，人们说的最自豪的一句话是'我是罗马公民'。今天，在这个自由的世界，最自豪的一句话当属'Ich bin ein Berliner'（我是柏林人）……所有自由的人，不管他生活在哪里，都是柏林的公民。因此，作为自由人，我也以'我是柏林人'而感到自豪！"

肯尼迪的演讲是用英语发表的，一名翻译现场将它译成德语。但当他两次说出"我是柏林人"时用的都是德语，现场45万观众的热情一下被点燃，一时间掌声、欢呼声雷动。看到观众们的反应，肯尼迪整理了一下西装，像完成一件了不起任务的男孩那样咧开嘴笑了。原西柏林市议员隆格鲁斯回忆说："这是一种非常亲切的感觉。在听完演说后，我回家告诉妻子，我们的疑虑多余了，柏林不会被吞并。"

肯尼迪离开西柏林时说，他要给他的继任者留下一纸便条，请他们在泄气的时候打开它，上面的字是："到德国去。"他的几位继任总统执政期间大多来过柏林。德国统一后，1994年克林顿提出美德特殊关系论，使德美关系达到肯尼迪之后的最高。

为了准备这段演讲，肯尼迪着实下了一番工夫。上面最出彩的那一段是从他1962年5月在新奥尔良发表的演说中借鉴过来的。当时他说道："两千多年前，人们说的最自豪的一句话是'我是罗马公民’。我相信在1962年的今天，最自豪的一句话应该是‘我是一名美国公民’。而且仅仅这样说是不够的，我们还要这样做。”为了将柏林演讲稿准确翻译成德文，美国国务院还专门请来罗伯特·洛赫纳。此人是美联社一名记者的儿子，生在美国，长在柏林，曾在柏林大学念书。由于德语流利，驻西德美军曾聘请他当首席翻译，肯尼迪访问柏林时他是一家英语电台的负责人。

最初肯尼迪想用德语发表演讲，经过一番尝试后放弃了，但他还是想在演讲中插入德语，于是让洛赫纳将“我是柏林人”，我为来到柏林而自豪”等几句译成德语并用英语标注。肯尼迪反复练习，甚至走上讲台前还在西柏林市长勃兰特的办公室里练习。

在演讲中肯尼迪还说了另外一句德语——“让他们来柏林吧”，颇有向苏联人挑战的意味。走下台后，美国国家安全顾问麦乔治·邦迪认为演讲稍微有点儿过，于是两人对措词稍加修改，缓和了一下语气，当天晚些时候又在西柏林的自由大学演讲了一遍。

这篇演讲表达了美国对西德的支持，极大鼓舞了西德人民的士气，西柏林因而成为被冷战威胁的自由的象征。此前西柏林人认为自己处于东德的包围之中，时刻担心被东德占领。苏联人显然对这篇演讲不大开心，因为就在两周前肯尼迪还表示要与苏联改善关系。赫鲁晓夫评价道：“两个演说好像是从两个总统嘴里说出来的！”

肯尼迪的演讲还引出一段文字案。有人指出它的点睛之笔“Ich bin ein Berliner”存在语法错误。因为如果德国人说自己是柏林人，通常会说“Ich bin Berliner”，而不会加上不定冠词“ein”。肯尼迪的表述容易让人理解成“我是一个‘柏林人’牌的果冻炸面圈”。还有人认为洛赫纳的翻译很到位，加上一个不定冠词表达出了肯尼迪对柏林人代表的自由精神的一种归属感。这场文字官司一直打了30年，直到1993年德国语言学家朱尔安·艾奇霍夫为它画上句号。艾奇霍夫通过分析语法在一个学术期刊上撰文说：“尼迪的表述不仅正确，而且传神，可以说那是用德语准确表达肯尼迪总统意思的唯一方法。加上不定冠词一个表达了他是具有柏林人精神的一个人，这正是他想表达的意思。”而且事实本身也证明，当时没有人误解肯尼迪的这句话。

一场演讲让肯尼迪被柏林这座城市接纳，他留下了不少纪念物，例如肯尼迪学校，自由大学的“肯尼迪北美研究中心”，市政厅前的广场也被重新命名为“肯尼迪广场”。

第二节 肯尼迪于 1963 年在柏林墙边的演讲

Two thousand years ago the proudest boast was "civis Romanus sum." Today, in the world of freedom, the proudest boast is "Ich bin ein Berliner."

There are many people in the world who really don't understand, or say they don't, what is the 2000 great issue between the free world and the Communist world. Let them come to Berlin. There are some who say that communism is the wave of the future. Let them come to Berlin. And there are some who say in Europe and elsewhere we can work with the Communists. Let them come to Berlin. And there are even a few who say that it is true that communism is an evil system, but it permits us to make economic progress. Lass' sie nach Berlin kommen. Let them come to Berlin.

Freedom has many difficulties and democracy is not perfect,

but we have never had to put a wall up to keep our people in, to prevent them from leaving us. I want to say, on behalf of my countrymen, who live many miles away on the other side of the Atlantic, who are far distant from you, that they take the greatest pride that they have been able to share with you, even from a distance, the story of the last 18 years. I know of no town, no city, that has been besieged for 18 years that still lives with the vitality and the force, and the hope and the determination of the city of West Berlin.

While the wall is the most obvious and vivid demonstration of the failures of the Communist system, for all the world to see, we take no satisfaction in it, for it is, as your Mayor has said, an offense not only against history but an offense against humanity, separating families, dividing husbands and wives and brothers and sisters, and dividing a people who wish to be joined together.

What is true of this city is true of Germany—real, lasting peace in Europe can never be assured as long as one German out of four is denied the elementary right of free men, and that is to make a free choice. In 18 years of peace and good faith, this generation of Germans has earned the right to be free, including the right to unite their families and their nation in lasting peace, with good will to all people.

You live in a defended island of freedom, but your life is part of the main. So let me ask you as I close, to lift your eyes beyond the dangers of today, to the hopes of tomorrow, beyond the freedom merely of this city of Berlin, or your country of Germany, to the advance of freedom everywhere, beyond the wall to the day of peace with justice, beyond yourselves and ourselves to all mankind.

Freedom is indivisible, and when one man is enslaved, all are not free. When all are free, then we can look forward to that day when this city will be joined as one and this country and this great Continent of Europe in a peaceful and hopeful globe.

When that day finally comes, as it will, the people of West Berlin can take sober satisfaction in the fact that they were in the front lines for almost two decades.

All free men, wherever they may live, are citizens of Berlin, and, therefore, as a free man, I take pride in the words "Ich bin ein Berliner."

两千年前，最自豪的夸耀是“我是一个罗马公民”；今天，自由世界最自豪的夸耀是“我是一个柏林人”。

世界上有许多人确实不懂，或者说不明白什么是自由世界和共产主义世界的根本分歧。让他们来柏林吧。有人说，共产主义是未来的潮流。让他们来柏林吧。有人说，我们能在欧洲或其他地方与共产党人合作。让他们来柏林吧。甚至有那么几个人说，共产主义确是一种邪恶的制度，但它可以使我们取得经济发展。让他们来柏林吧。

自由有许多困难，民主亦非完美，然而我们从未建造一堵墙把我们的人民关在里面，不准他们离开我们。我愿意代表我的同胞们（他们与你们远隔千里住在大西洋彼岸）说，他们为能在远方，与你们共有过去十八年的经历感到莫大的骄傲。我不知道还有哪一个城镇或都市被围困十八年后，仍有西柏林的这种生机、力量、希望和决心。

全世界都看到，柏林墙最生动最明显地表现出一种失败。但我们对此并不感到称心如意，因为柏林墙既是对历史也是对人性的冒犯，它拆散家庭，造成妻离子散，骨肉分离，把希冀统一的一个民族分成两半。

这个城市的事实也适用于整个德国——只要四个德国人中有一个人被剥夺了自由人的基本权利，即自由选择的权利，那么欧洲真正持久的和平便绝无可能实现。经过保持和平与善意的十八年，这一代德国人终于赢得自由的权利，包括在持久和平中善待所有的人民，实现家庭团聚和民族统一的权利。

你们住在一座受到保护的自由之岛上，但你们的生活是大海的一部分。因此在我结束讲话时，请你们抬起目光，超越今日的危险看到明天的希望；超越柏林市或你们的祖国德国的自由看到世界各地的进展；超越这道墙看到正义的和平来临的一天；超越你们自己和我们自己看到全人类。

自由是不可分割的，只要一人被奴役，所有的人都不自由。当所有的人都自由了，我们便能期待这一天的到来：在和平与希望的光辉中，这座城市获得统一，这个国家获得统一，欧洲大陆获得统一。

当这一天最终来临（它必将来临）时，西柏林人民将为近二十年的时间里，他们站在第一线感到欣慰。

一切自由的人，不论他们住在何方，皆是柏林市民。因此，所以作为一个自由的人，我为“我是一个柏林人”这句话感到自豪。

第三节 精彩语录

Two thousand years ago the proudest boast was "civis Romanus sum." Today, in the world of freedom, the proudest boast is "Ich bin ein Berliner."

两千年前，最自豪的夸耀是“我是一个罗马公民”。今天，自由世界最自豪的夸耀是“我是一个柏林人”。

Freedom has many difficulties and democracy is not perfect, but we have never had to put a wall up to keep our people in, to prevent them from leaving us. I want to say, on behalf of my countrymen, who live many miles away on the other side of the Atlantic, who are far distant from you, that they take the greatest pride that they have been able to share with you, even from a distance, the story of the last 18 years. I know of no town, no city, that has been besieged for 18 years that still lives with the vitality and the force, and the hope and the determination of the city of West Berlin.

自由有许多困难，民主亦非完美，然而我们从未建造一堵墙把我们的人民关在里面，不准他们离开我们。我愿意代表我的同胞们（他们与你们远隔千里住在大西洋彼岸）说，他们为能在远方，与你们共有过去十八年的经历感到莫大的骄傲。我不知道还有哪一个城镇或都市被围困十八年后，仍有西柏林的这种生机、力量、希望和决心。

Freedom is indivisible, and when one man is enslaved, all are not free. When all are free, then we can look forward to that day when this city will be joined as one and this country and this great Continent of Europe in a peaceful and hopeful globe.

自由是不可分割的，只要一人被奴役，所有的人都不自由。当所有的人都自由了，我们便能期待这一天的到来：在和平与希望的光辉中，这座城市获得统一，这个国家获得统一，欧洲大陆获得统一。

第五章

不以自由为代价换取和平

第一节 背景介绍

1962年，加勒比海地区发生了一场震惊世界的古巴导弹危机。它由苏联在古巴部署导弹，美国坚持要求其撤除导弹而引发。这是冷战期间美苏两大国之间最激烈的一次对抗。这次危机虽然仅仅持续了13天，但美苏双方在核弹按钮旁的徘徊，却使人类空前地接近毁灭的边缘，战争处于千钧一发之际。最后双方以妥协而告终。其中有不少值得总结和反思的经验教训。

1959年1月1日，古巴取得了人民革命的胜利，推翻了巴蒂斯塔独裁政权。1月13日成立了古巴共和国。宣告这一胜利的是领导人民革命的菲德尔·卡斯特罗，当时这位领袖人物年仅32岁。新政权成立初期，美国同古巴的关系还比较好。2月，卡斯特罗出任总理，4月访问美国，还受到艾森豪威尔政府的热烈欢迎。巴蒂斯塔是美国一手扶植起来的傀儡，美国政府欢迎卡斯特罗，并不是赞赏反对独裁统治，而是企图把古巴纳入美国的势力范围，巩固它在拉美的统治基础。

1959 年 6 月，古巴新政府的领导成员发生很大变动，政府重要部门绝大多数被主张实行急进政策的人所掌握。美国政府担心控制不了古巴，动摇美国在拉美的统治基础，于是就对古巴新政权产生了怨恨和不满，并且以傲慢的态度对待古巴，企图逼新政府就范。但是古巴新政府的领导人并不屈服于美国的压力，从而导致了美国与古巴关系的日益恶化。

1961 年 1 月 5 日，美国宣布同古巴断绝外交关系。同时，从经济上开始对古巴进行制裁，把一个完全依靠生产和销售糖类来维持国计民生的国家严密地封锁起来，其企图通过卡断经济命脉来扼杀年轻的古巴共和国。

那个灾难重重时期的最大灾难，那个使约翰·肯尼迪看清楚他的运气和判断力都有局限性的事件，以及那次使他对于未来工作获得非常宝贵的教益的经历，于 4 月 17 日在古巴猪湾—萨帕塔沼泽地上发生了。一支由美国中央情报局组织、训练的由一千四百名反卡斯特罗古巴流亡分子组成的登陆部队，在不到三天的时间便被人数占绝对优势的古巴部队击溃了。美国卷入在内是无可否认的，总统无论在公开或私下的场合都声称此事由他单独负责。可是许多人仍然不理解他怎么会批准这样一个计划。他后来对一个记者说，猪湾事件全部结束后，他自己头脑里最难解的问题的确是：参与其事的人怎么全会认为这样一个计划会成功呢？ 1962 年年底，有个著名的作家请求查看猪湾事件的档案材料，总统作了否定的答复。他说："现在还不是时候，而且我们想由我们自己去谈这件事。"

猪湾事件中真正重要的问题，正是他在第一篇国情咨文中痛心地谈到的“决定和执行计划与现实之间存在着很大的脱节”。约翰·肯尼迪有可能选择一个错误的方针，但决不会选择一个愚蠢的方针。

1960年年初，艾森豪威尔政府批准在中央情报局的指导下，训练和武装一支由古巴流亡分子组成的解放部队。1960年总统选举前不久，又决定（尽管这个决定显然没有告诉过艾森豪威尔）这应该是一支常规的战斗部队，而不是一支游击队，并且急剧地增加了部队的人数。

1961年1月20日，约翰·肯尼迪接下了这项计划以及由古巴流亡分子组成的这支突击队。这是一支挂着另一国旗子，在危地马拉秘密基地接受高度训练的部队，它只热衷于完成唯一的一项任务。这同接过一项政策声明或行政命令不一样，这件事不能由总统简单地废除或撤销了事。当肯尼迪作为当选总统在棕榈滩听取中央情报局汇报这一行动计划时，他对这个计划的庞大和大胆感到惊讶。他后来说，从那时起他就对此抱有重大的疑虑。

然而，制订这项登陆计划的中央情报局人员，不仅把它提交给新总统而且加以鼓吹。实际上曾有人问他，他是否愿意像共和党人那样允许并帮助这些流亡分子解放他们自己的岛屿，或者他是否要取消业已就绪的准备工作，听任古巴随意在西半球搞颠覆。他是否要解散一支在艰苦条件下训练了将近一年并渴望出击的部队，而听任他们散布流言说肯尼迪已出卖了他们推翻卡斯特罗的打算。艾伦·杜勒斯后来就公开提出了这个问题，你是不是想告诉“这批优秀的青年人，他们不会得到美国的同情、支持和帮助，这批青年人冒着生命的危险，他们只求能有机会在自己的国家中恢复一个自由的政府，而别无他求”。他是否愿意让他们在两者之间作出抉择：是在美国找个安全的避难所，还是要打回自己的国家去；或者他会不会迫使他们违心地解散掉，从此不再集合起来?

此外，肯尼迪还被告知执行这个计划机不可失。理由有三：第一，因为这支突击队已受过充分的训练，急切地想作战很难加以阻拦。第二，由于危地马拉政府受到压力，要它关闭这个在政治上引起争议日益公开的训练营。因此他唯一的选择就是要么把这批人送回他们希望去的古巴，要么把他们带回美国，而在这里他们将会散播愤懑情绪。第三，因为俄国武器不久就将装备卡斯特罗的军队，在铁幕后面受训成为米格飞机驾驶员的古巴飞行员不久就将返回古巴，大量箱装的米格飞机已经到达该岛。因而1961年春天在卡斯特罗拥有一支强大的喷气式空军之前，在流亡分子的部队心怀不满地解散之前，是古巴人能够单独解放古巴的最后时刻。登陆前一周，肯尼迪在一次电视谈话中过分坦率地透露了这个因素的重要性。他宣称：“如果我们现在不采取行动，卡斯特罗先生对我们可能变得比今天更加危险得多。”

在该计划付诸实施的前一周，它既获得了代表参谋长联席会议的兰尼兹尔将军和伯克海军上将的书面赞同，又获得了国务卿腊斯克和国防部长麦克纳马拉的口头同意。肯尼迪总统虽怀着重重疑虑，但最后终于发出了干的信号。他没有把卡斯特罗视为对美国的直接威胁，但是他也不认为他应该“保护”卡斯特罗，使他不致受到古巴人的攻击。这些古巴人由于古巴革命被出卖给了共产党人而感到怨恨。他担心在这个阶段取消该项计划，会被解释为承认卡斯特罗的统治获得人民的支持，卡斯特罗便会在今后许多年里闹得拉丁美洲到处不得安宁。正如某些人所猜测的，他竞选时所作的帮助反卡斯特罗叛乱分子的诺言，并没有迫使他采取行动，但是他确实感到，如果他不批准这个计划，就会是一种与他的总体态度前后不一致的软弱的表示。他后来说："我的确以为他们有一个很好的机会。"他还作了如下的解释：如果卡斯特罗自己的一批同胞，在没有美国明显参与的情况下，能够成功地在岛上立足，宣布成立一个新政府，把人民团结到他们的事业上来并推翻卡斯特罗的话，整个拉丁美洲就会感到更为安全。如果不然他们被迫逃往山区，在那里进行游击战仍然会有收获。

在批准这项计划之前，他提出要坚持的主要条件是，必须排除美国武装部队在古巴任何直接的明显的参与。这个决定在一种意义上许可这场灾难的发生，但在另一种意义上也有助于防止一场更大的灾难。因为要是美国海军和空军公开承担了义务就不能允许失败，最终就会要求美国发动全面的攻击。一旦在空中和海上进行公开的干涉，约翰·肯尼迪就决不允许古巴流亡分子在地面上被打败。他后来说："显然，如果你们要求美国提供空中掩护，你们也可能会要求美国全面承担义务，这势必意味着将由美国进行正式入侵。"

正如肯尼迪所说，这种明显的单方面的干涉与美国的传统和国际义务相违背，其结果对整个西半球的自由事业所造成的损失甚至比卡斯特罗继续存在这件事还要重大。况且，美国的常规部队仍然没有满员。假如美国可动用的陆军战斗师有半数要被牵制在古巴山区去抵抗游击队，那么共产党人就可能在柏林或世界其他地区采取行动。即便这种干涉似乎是十分需要的，肯尼迪也决不会批准这个行动。

不把美国武装部队投入战斗的决定突出了一个论点，即古巴人凭借他们自己的力量就可以获胜。这一决定还导致了其他一些限制，它们使行动计划更加秘密，使美国的卷入更为隐蔽，这些限制实际上也损害了这项计划的军事前景。

然而，中央情报局、五角大楼和古巴流亡运动者，都没有对总统的基本条件提出任何异议。相反，他们全都如此热衷于行动，以致他们看不见危险，或许是一厢情愿地假定，一旦情况需要总统会被迫改变他的决定的。结果，他们所制订的计划好像美国肯定会公开进行干涉似的，可是他们对总统提出的具体问题的答复却并非如此。总统问道，如果没有我们的军队参加，流亡分子的突击队能达到他们的目标吗？他们向总统书面保证说，能达到——这是一种轻率的错误判断，至多也不过是一项表达希望的声明。总统又问道，如果没有我们的军队参加，流亡分子突击队的成员是不是愿意冒这种艰难尝试的风险，并且在认识到如果他们失败了我们也不会干涉的情况下，他们是不是愿意干下去？他得到保证说，他们愿意冒风险干下去——这是严重的谎报军情，这种说法至少是由于中央情报局的联络官通讯失灵而造成的。

由于得到了这些保证，总统在4月12日的记者招待会上公开提出保证说：“……在任何情况下，美国武装部队将不会对古巴进行任何干涉，而且本政府将尽一切努力——我认为它能够履行其职责——以确保没有美国人卷入古巴境内的任何行动……古巴的基本问题不是美国和古巴之间的问题，而是古巴人自己的问题。我打算设法使我们坚守这项原则。”

这项保证有助于在随后的那个星期里使美国避免发动任何直接

的攻击，从而限制了对国际法的破坏——尽管中央情报局和军方施加了种种压力，总统始终没有改变这项保证或为此感到后悔。但是他很快就认识到他本应把整个行动计划撤销。

1961 年 4 月 17 日星期一的清晨，古巴流亡分子组成的第 2506 突击队在他们登陆的地方成功地发动了战术性的突然袭击。这支突击队大约有一千四百名不同种族、职业、阶级和党派的古巴人，他们受过充分的训练、有着老练的领导，并配备着精良的武器。在弹药能够维持时他们勇敢善战，并使人数迅速增加到两万名的卡斯特罗部队遭到了重大损失。根据马克斯韦尔・泰勒将军后来主持的全面调查，他们失败的原因是缺乏弹药，而缺乏弹药的原因正说明了这一行动计划的全部缺陷。

泰勒将军说，士兵们携有充足的补给，但是像第一次参加战斗的大部分军队那样，他们由于射击过度而把弹药浪费掉了，特别是因为他们遭到了比预料更为迅速的抵抗。一批够十天用的弹药补给，连同所有的通讯设备以及必要的食品和医药补给品均储存在“里奥・埃斯孔迪多号”货轮上，但是那艘货轮连同另一艘装载补给品的货轮“休斯敦号”，在登陆那天清晨都被卡斯特罗小小的空军部队击沉于近海。这支空军小部队是由两三架配备有火箭装置的喷气教练机有力地领导着的。

增补的补给品和弹药由另外两艘货轮“阿特兰蒂科号”和“卡里贝号”运送。然而尽管在别的场合下，总统关于禁止美国人待在战斗地区的规定曾受到破坏，但这些船上却没有一个美国人，也没有美国人可以控制这些船只的行动。当它们的姐妹船被击沉后，这两条船无视要它们在海岸外五十英里处重新集结的命令迅速地向南远逃，以致当美国海军拦阻它们时，“卡里贝号”货船已跑得太远无法及时返回给予帮助了。“阿特兰蒂科号”于星期二夜间返航，把船上的弹药补给品转移到五条小艇上，准备赶到五十英里外的海滩去，但时间已经太迟，它们无法在夜幕的掩护下完成这一航程了。天一破晓，他们肯定不能幸免于卡斯特罗空军的再次攻击，古巴船员威胁说要进行反抗除非提供一艘美国海军驱逐舰和喷气飞机来护航。由于海滩上处境极为困难的流亡分子呼吁提供补给品，护航司令官要求华盛顿的中央情报局去取得海军帮助，但是中央情报局总部由于未能充分掌握当时海滩上的战局情况，尤其是他们显然不知道迫切需要弹药这一点，所以他们未与总统磋商就取消了这次护航。

这是该地区正式呼吁给予空中掩护的唯一请求，可是这项请求始终未送达给总统。然而就在那天夜里，在内阁会议室举行的一次持续到午夜后的会议上，中央情报局和参谋长联席会议请求他改变公开作出的保证，公然使用美国的海空力量去支持海滩上的突击队。总统仍然不愿意美国突然对古巴发动全面进攻，他没有忘记他不干涉的公开保证和他的全球性责任，所以最后只同意让没有标志的海军喷气机于第二天早晨，对实施空中掩护的反卡斯特罗部队的 B-26 型飞机进行护航。但是 B-26 型飞机只能提供不超过一小时的空中掩护，而从中央情报局那里接受指令的 B-26 型飞机比从海军方面接受指令的喷气机早一小时到达了登陆地点上空。不管这次悲剧性的错误是由于时区的差别还是由于人为所造成，那些 B-26 型飞机不久就被击落或者失踪，因此喷气式飞机的使命在出动之前就已经无法完成了。流亡分子由于弹尽很快就被围歼了。

战斗开始之前，两次空袭都未能摧毁停在地面上的卡斯特罗的飞机，从而影响了对空中和海滩的控制。4 月 15 日星期六清晨，第一次打击按照计划进行了。但是这次打击的有效性却受到了限制，因为他们企图伪装成是背叛卡斯特罗的飞行员所干的。他们只使用了 B — 26 型飞机，也没有使用美国凝固汽油弹，除了一架飞机飞往佛罗里达以掩盖事实真相外，其他的飞机必须从尼加拉瓜起飞并返回那里。

但掩盖真相的工作甚至比空袭更不成功。不仅很快被卡斯特罗的代表所揭穿，而且也被一家敏锐的报纸所揭穿。总统这时认识到，他本应了解这种情况在一个开放的社会里是不可避免的。那个星期六下午，艾德莱·史蒂文森在联合国虽一再否认，但在二十四小时内就被各种照片和编出来的故事情节中许多内在的矛盾驳斥掉了。整个行动成了一条轰动的新闻，全世界都为美国的蓄意欺骗而激动起来。没有人会相信，定于星期一黎明在登陆部队上岸后所进行的第二次攻击，不是美国对一个小得可怜的邻国进行的公开的无端的进攻。苏联说美国的干涉不会不遭到反击，同时我们的拉丁美洲朋友则全激怒起来了。

因此，总统的外交政策顾问在星期日敦促他——但没有举行可以听取军方和中央情报局意见的正式会议——按照以前商定的美国避免公开卷入的原则，取消星期一清晨的袭击。总统同意了这个建议，第二次攻击被取消了。大家全希望第一次打击会使卡斯特罗的空军受到足够的损失，正如最初报道的那样。星期一的事态表明这些希望已落空之后，那天夜里又准备重新进行第二次打击，但是云层密布使这一次拖延成了致命的事，打算通过消灭 T — 33 型飞机和其他飞机以消除海滩上空威胁的最后机会幻灭了。事实上，原定为关键性的第一次打击，后来证明是非常无效的，没有理由认为，第一次打击后幸存下来并被分散隐蔽起来的卡斯特罗的空军会在第二次打击中被歼灭掉。

因此，总统推迟星期一清晨的空袭一事，对于星期三下午不光彩地结束的这场冒险行动只起了较小的作用。总统后来说，早在星期一清晨之前，败局就已经定了。当这项计划的基本前提已遭到破坏，如果他撤销整个行动计划，而不仅仅是第二次空袭就明智多了。因为他那时已经明白，他实际上批准了一个和他以为自己所批准的东西毫无相似之处的计划。猪湾事件的关键就在这里。

事后看来十分清楚，他实际上批准的东西在外交上是不明智的，而在军事上则从一开始就是注定要失败的。他认为自己所批准的东西在当时看来外交上是可以接受的，而且彻底失败的可能性也很小。设想和现实之间如此大的差距，竟然在这么高的领导层里出现一个这么危险的问题，这反映出了整个决策过程中存在着惊人的错误，这些错误使官僚主义的势力可以代替政策领导者来决定问题。

总统认为他所批准的是一千四百名古巴流亡分子，静悄悄地尽管是大规模地重行潜返其祖国的行动。他得到保证说，按照他的标准修改过的计划是一次基本上全由古巴爱国者所进行的不引人注目的悄悄的登陆，其中空袭是保留下来的唯一真正发出喧闹声的行动。事实上，古巴流亡分子的登陆事先已被大加宣扬，并被蓄意鼓吹为一次“入侵”，而且对他们的人数也故意夸大。这一方面由于流亡团体和官员希望鼓动古巴人民加入他们的队伍；另一方面也由于卡斯特罗起初想要夸大他面临的危险，随后又要宣扬他的胜利；还有一方面是由于拟标题的记者觉得“入侵”听起来要比一千四百人登陆的提法更加耸人听闻。中央情报局甚至向麦迪逊大街代表流亡分子政治阵线的一家公共关系公司口述了战报。为了掩盖美国扮演的角色，军方接受了军事上的种种限制，可是结果美国扮演的角色不仅十分明显而且被过分夸大了。

总统认为他批准的计划是万一流亡分子未能守住并扩大一个滩头堡的话，他们就可以根据计划与山区的其他叛乱分子一起展开游击战。事实上，他们接到的却是相反的指示，即万一失败就退到海滩上。他们曾使总统相信，附近地区是不适宜于展开游击战的，而且绝大多数突击队成员全没有受过游击战训练。他们原来使他确信流亡分子可以逃往埃斯坎布雷山区，但从海滩通往该山区有八十英里，道路如此漫长，而且到处是沼泽地带还布满了卡斯特罗的军队，所以这根本不是一个现实的办法。负责这项行动计划的中央情报局官员甚至从未计划这样做，而且他们既未告诉总统他们认为这种选择是不可取的，也没有告诉流亡分子这是总统的计划。

总统认为，他正在让古巴流亡分子以其革命委员会和突击队领导人为代表去作决定，他们是否愿意在没有美国明显的支持下，为了解放他们的国家而使自己冒生命和失去自由的风险。事实上，大部分突击队员都有一种错觉，即认为在必要时，美国武装部队会公开和直接地援助他们，以消除空中威胁，保证他们的弹药供应并使他们免于失败。这一错觉显然是在他们同中央情报局的接触中产生的。他们也错误地推测，一支更大的流亡分子部队会和他们一起登陆，古巴的地下组织或游击队会同他们会合，而且在岛上另一处的登陆也会牵制住卡斯特罗的部队。实际上，一种小规模的牵制性的登陆列入了计划，但是在两次尝试后被取消了。总统并未获悉他们的设想，正像他们也不知道总统的设想一样。同样地，革命委员会基本上未被告知登陆情况，而且基本上和突击队失去了联络。革命委员会主席何塞·米罗·卡多纳博士认为只有美国武装力量可以推翻卡斯特罗，但他也没有把肯尼迪的密使送来的信件传达下去，这封信说美国不愿给他们军事援助。

肯尼迪总统认为他批准的这项计划，将在古巴地下组织、叛逃军人，以及到一定时候叛变的人民的一场起义运动等配合之下来取得成功。事实上，卡斯特罗的名望和他的警察国家所采取的手段，辅以轰炸和登陆行动后立即进行的大逮捕，其作用竟然远比行动计划的制定人所声称的更为有力。而且，计划制定人不惊动卡斯特罗的部队就无法使地下组织警觉起来。正如古巴地下组织不信任流亡分子中的某些右翼领导人和突击队成员一样，中央情报局也不信任他们中的某些左翼领导人，这种情况进一步损害了合作。结果，虽然突击队在登陆后也受到某些叛变军人和村民的帮助，但是他们事实上并没有策划过也不可能开展配合性的起义活动或是地下活动，特别是在突击队进行战斗的短暂时间内更是不可能的事。总之，总统在批准这项计划时认为只有两种结果，或者发生一场全国性的起义，或者是逃亡到山区去，可是实际上这两者都是极不可能的。

总统批准这项计划并仓促予以实施，是由于他认为卡斯特罗以后将获得挫败这个行动的军事能力。事实上，卡斯特罗当时已经具备这种能力。肯尼迪被告知，卡斯特罗只有一支过时的不处于战斗状况不起作用的空军，猪湾—萨帕塔沼泽地区既没有通讯系统，附近也没有部队。但是所有这些报告都是错误的。预期的大规模的军事叛变并没有出现，卡斯特罗的T—33型喷气教练机比预料的要有效得多，而且卡斯特罗的部队开往滩头阵地打垮流亡分子队伍所用的兵力、装备和速度远比所预料的强。实际上，计划制定人员忽视了那些喷气教练机，而这些飞机在很大程度上造成了弹药的损失和其他的失败。

总统批准这项计划之前得到保证说，它将既是秘密的又是成功的。但是事实上他发现这项计划的规模，既太大，以致于不可能保守秘密，又太小，以致于不可能获得成功。如果有一万或两万名流亡分子像他们那样勇敢和出色地战斗，也许能完成这项计划，但这决不是一千四百人所能做到的。泰勒将军后来检讨这件事时，发觉整个计划在军事上是很勉强的。突击队人数太少，空军飞行员太少，替换疲劳的领导者的副指挥人员太少，补充战斗伤亡人员的后备兵太少，而遇到的意料不到的障碍则太多。例如，突击队指望用外装马达的小船穿过海图上没有标明的暗礁实施夜间登陆。即使有充足的弹药并控制住了天空，即使再有两次比之前规模大两倍的空袭，如果没有美国军队或古巴人民的大力协助，突击队还是不可能从滩头堡突围出去或者支持得更长久的。但两者都不可能实现，因此突击队在猪湾的胜利也决不可能实现。

后来，他在记者招待会上说："有一句老话，胜利人人居功，失败无人任咎。……我是政府的负责官员，这一点是很明显的。"由于他自己承担了全部责任，他赢得了职业官员和公众的称赞，避免了党派的调查和攻击，并阻止了有关人员进一步泄露出他们的看法和指责。但是他的承担责任不仅仅是一个政治手段，或者是宪法上的一项义务，他强烈地、真诚地感觉到他的责任，而且他一再反复地讲到这一点。他大声地问自己："我怎么会如此大错特错呢？我一生中非常清楚不能依赖专家。我怎么会如此傻，让他们搞起来呢？"

起初无论是卡斯特罗还是他的战友，本来不仅同苏联和其他社会主义国家没有任何联系，而且甚至对马列主义、对共产主义学说尚无基本的认识。但是在受到美国的强大压力时，卡斯特罗不得不向苏联寻求援助。苏联当时对古巴的处境表现出异乎寻常的关切，正是出于同美国争夺霸权的需要，想在拉丁美洲找一个立足点。古巴的求援，正是赫鲁晓夫求之不得的事情。他认为古巴局势的发展，直接关系到苏联在拉丁美洲的影响，关系到苏联的威信及其在拉美的立脚点。古巴和苏联于1960年已经恢复了外交关系。在美国同古巴绝交后，苏联抓住机会增加了对古巴的经济、军事援助。苏古关系的发展，导致了美苏关系的紧张和日后的导弹危机。

被逼上梁山的卡斯特罗，1960年秋天在联合国大会上发表了一番慷慨激昂的讲话。他面对坐在大厅里的美国人说，是你们促使我们寻求新的市场和新的朋友，他们就是苏联和社会主义世界。在这之后，我们开始对社会主义产生兴趣并开始进行研究。

赫鲁晓夫思前想后，坚决主张把导弹运进古巴，其理由如下。

第一，肯尼迪上台之后，吉隆滩登陆失败，使他在外交上输了一个回合，美国没有充分理由反对卡斯特罗采取一切可能的预防措施来对付另一次入侵，其中包括接受苏联的核武器援助在内。

第二，对抗美国的包围。鉴于当时美国已经用轰炸机基地和导弹包围了苏联，美国在土耳其、意大利和西德的导弹都对准了苏联，苏联重要的工业中心都处于核弹、战略轰炸机的直接威胁之下。因此应尽快秘密地把导弹运进古巴，而且要在美国发现之前装好，可供发射。

第三，最重要的一个原因是为了在全球恢复美苏平衡。20世纪50年代后期，在军备竞赛中，肯尼迪政府拼命扩充核武库，使美国在苏美核竞赛中处于领先地位。因此，在赫鲁晓夫看来，向古巴部署导弹显然是恢复苏美平衡的一个既方便又快捷千载难逢的好机会。从军事角度来说，在古巴安置导弹，能够增加以美国为目标的导弹总数，而且可以避开美国的预警系统，从而使苏联打击美国的能力增加一倍，改变苏联的战略地位。

第四，可以巩固古巴领导人卡斯特罗的地位，从政治、经济和军事上控制古巴，从而把古巴作为同美国进行政治交易的筹码，以增强苏联的威慑能力。赫鲁晓夫或许也知道可能会面临严重的军事冲突，但思前想后觉得这场大赌博还是值得一试的。

1962年苏联政府批准了赫鲁晓夫的计划，赫鲁晓夫在7月3日和8日参加了与劳尔·卡斯特罗的会谈，并达成秘密协议。苏联在古巴部署中程导弹，向其提供伊尔-28喷气轰炸机。此计划于7月开始实施，苏联船只将被拆开的几十枚导弹和几十架飞机装到集装箱里运往古巴。同时，3500名军事技术人员也陆续乘船前往。每一枚导弹都携带着一个威力比在广岛爆炸的原子弹大20或30倍的核弹头。经过伪装的第一批武器在7月下旬用商船运抵古巴。

1962年8月，美国发现了苏联设在古巴的导弹发射场。但直到9月2日，苏联才公开宣布根据苏古两国达成的协议，苏联将向古巴供应武器和提供技术专家。此时，苏联的武器和专家的运输计划已基本完成，部署工作也已近尾声。

在此期间，苏联在公开场合一直否认在古巴拥有任何进攻武器。赫鲁晓夫在给肯尼迪的信中表示：“苏联不需要为了击败侵略，为了进行报复性的打击而将自己的武器转移到其他任何国家，例如古巴。”赫鲁晓夫并且保证，在11月美国国会选举前，他不会挑起任何事件。一周以后，苏联政府发表了一个声明，特别提到征召后备役军人以及美国对苏联向古巴进行海运而引起的惊恐问题。声明说：“苏联的船只是装运给古巴人民的日用品和食物。”但是，接着又承认：“由于侵略成性的帝国主义集团的威胁，应古巴政府的请求，还装载着一定数量的武器，以及训练古巴人使用现代化武器的军事技术专家和技术人员。”声明中还说：“我们的核武器爆炸力如此强大，而苏联又拥有如此强大的火箭来运载这些核弹头，以致没有必要在苏联疆土之外寻找发射核武器的场所。……苏联有可能从它自己的国土上支援任何爱好和平的国家，不仅是古巴。”

1962年10月14日，在这个万里无云的星期日清晨，两架美国U-2飞机从南向北飞过了古巴西部上空，拍摄了大量照片。经专家们对放大照片的仔细研究，他们认出了一座发射台和许多发射弹道导弹的建筑物，以及一枚中程弹道导弹和射程为2000英里的中远程弹道导弹使用的永久基地。而且，经美国专家鉴定，发射装置上安装的是导弹核武器。

10月16日，肯尼迪总统得到上述情况的汇报。他对赫鲁晓夫的欺骗行为非常恼怒，并立刻意识到这件事关系重大。他没有料到苏联人在古巴会采取如此轻率和冒险的行动，没有料到转眼之间古巴戏剧性地拥有了在西半球仅次于美国的最大的、装备最好的军事力量。

肯尼迪感到苏联的导弹造成了严重的威胁，要是不猛烈回击，就会有损政府在国内外的形象，激起公众对他的不信任，并使美国如芒在背。肯尼迪决定，要使苏联明白美国不惜一战的决心。

10月22日晚上7点，肯尼迪向美国和全世界发表广播讲话，通告了苏联在古巴部署核导弹的事实，宣布武装封锁古巴，要求苏联在联合国的监督下，撤走已经部署在古巴的进攻性武器。

肯尼迪认为这一秘密、迅速和异乎寻常的导弹设施是“蓄意的挑衅和对现状做出的毫无道理的改变，是美国不能接受的。肯尼迪总统又以强调的语气列举了美国即将采取的海上隔离等初步措施。他在演说中用“隔离”一词代替了“封锁”，认为这个词比“封锁”火药味较少，比较适用于和平、自卫的行动。然而，婉转的言词并没有减弱行动的火药味。封锁命令一下达，美国地面、空中和两栖作战部队即开始集中。此外，还调集出兵古巴所需要的军需物资，开始采取保护美国免遭核袭击的种种预防措施。美国在世界各地的军队也进入戒备状态。美国总统下令，载有核弹头的美国轰炸机进入古巴周围的上空。

美国如此强硬的态度着实让赫鲁晓夫吃了一惊，于是他下令加快向古巴运送导弹及苏式轰炸机的速度。赫鲁晓夫低估了美国的情报系统和肯尼迪政府的强硬态度。

在肯尼迪发表广播讲话以后的5天中，即从10月23日至27日，局势紧张到几乎难以忍受的程度，核战争的阴影笼罩着整个加勒比海上空，整个世界危在旦夕。

10月23日，星期二，苏联政府发表声明，表示仍要按苏古协议继续使用武器援助古巴，坚决拒绝美国的拦截，对美国的威胁将进行最激烈的回击。

10月24日，在68个空军中队和8艘航空母舰护卫下，由90艘军舰组成的美国庞大舰队出动了。美舰从佛罗里达到波多黎各布成了一个弧形，封锁了古巴海域。与此同时，美国导弹部队全部奉命处于高度戒备状态，导弹在发射台上听候指令。不仅在佛罗里达和邻近各州，美国集结了第二次世界大战后最庞大的登陆部队准备参战，而且世界各地的美军基地也进入戒备状态，剑拔弩张地准备打一场全球性的核战争。

美国对古巴实施的海上隔离，于10月24日上午10时起正式开始。在蓝色的加勒比海上，美国海军舰只控制了几千英里长的海域。在离古巴东部海岸约300公里的大特克岛上，设有巨大的美军导弹跟踪站，密切监视来往古巴的船只的一举一动。整个古巴像个铁桶似地被团团围住。

10月25日，苏联作出了一个决定，即以不携带武器的船只去考验封锁。

10月26日，星期五。赫鲁晓夫给肯尼迪写了一封被白宫形容为冗长、杂乱无章、漫无边际的信，它显然是在情感冲动下写的，充满着要避免核战的激情。在信中，赫鲁晓夫承认苏联导弹在古巴的存在，但把它们说成是纯粹防御性的。他说，他深切地渴望和平，让我们不要使局势弄得不可收拾，强行实行隔离只会使苏联采取自认为必要的措施。但是，如果美国做出不会入侵古巴，也不允许别人入侵的保证，并且撤回舰队，不再搞隔离，就会使一切马上改观。

但是，就在美国总统答复赫鲁晓夫的来信之前，国家安全委员会执行委员会又收到了苏联领导人发出的第二封颇为冗长，带着官腔并且火药味十足的信件（这也许是由苏联外交部写的）。信中包含着不同的立场，其实质是谋求实现一种相互交换。

“我的这一建议是：我们同意从古巴撤走那些您称为进攻性的武器。我们同意这样做并同意在联合国宣布这一承诺。您的代表则必须发表一个声明，即就美国而言，考虑到苏联的忧虑和关心，将从土耳其撤出类似的武器。我们可就双方何时将其付诸实施达成一项协议……”

肯尼迪立即拒绝了这种交换方法。他没有答复这封信，但白宫发表了一份声明，指出土耳其与古巴危机毫不相干。这封信既反映出克里姆林宫内部意见的不一致，又使美国对苏联的意图更加捉摸不定，因而使局势又复杂化了。

此时，在全世界所有的美国核部队和常规部队都已经奉命准备随时行动，一支庞大的入侵部队也聚集在佛罗里达。双方剑拔弩张，战争一触即发。

美国官方普遍估计，在古巴的几个发射场已处于发射状态，在这种情况下对导弹发射场的任何直接空袭都可能造成美国城市上空的热核爆炸。

肯尼迪和国家安全委员会执行委员会权衡了赞成与反对从土耳其撤除导弹的两种主张，讨论了空中打击和入侵的时间表。正当国家安全委员会执行委员会激烈紧张地辩论应采取什么对策而一筹莫展的时候，罗伯特·肯尼迪想出了一个摆脱危机的办法。他说，为什么不可以不理睬赫鲁晓夫的第二封信而只回答第一封信呢？于是，他向赫鲁晓夫发出了接受他 10 月 26 日星期五提议的信。

亲爱的主席先生：

我非常仔细地阅读了您 10 月 26 日的来信，对您表示愿意迅速谋求一个解决办法的声明表示欢迎。然而，需要做好的第一件事是，在联合国的有效安排下，停止在古巴进攻性导弹基地上施工，并使古巴一切可供进攻之用的武器系统都无法使用。……

但是让我强调一下，其首要的因素还是要在有效的国际保证之下，停止在古巴的导弹基地上的工作。使这一威胁继续存在下去，或者使这些问题同欧洲和世界安全的一些广泛问题联系起来而拖延有关古巴问题的讨论，肯定将会加剧古巴危机并严重危害世界和平。因此，我希望我们能按照此信和您 10 月 26 日的信件中提出的办法迅速取得一致意见。

约翰·肯尼迪

赫鲁晓夫领会了肯尼迪的暗示。他认识到长期容忍无法打破而又日益加强的封锁不利于苏联，封锁拖得越久，苏联的损失就越大。在做出这一决定时，他已经来不及，也不想与性格倔强的卡斯特罗商量了。因为他已通过情报部门获悉，如果第二天不给美国答复，美军就会在 29 日或 30 日轰炸苏联的导弹设备和古巴的军事目标，然后入侵该岛。再拖延下去，就意味着死亡。

大约一年零八个月后，在 1962 年圣诞节前夕，由于肯尼迪对卡斯特罗发出的严厉警告而保住了性命的俘虏，在价值 5300 万美元物品的交换下获释了。这一给人留下深刻印象的行动是由司法部长指挥，并由代表古巴家属委员会的詹姆斯·多诺万律师去与卡斯特罗谈判的。此次行动并没有使用财政部或中央情报局的任何经费，而是完全用公众捐赠的药品、婴儿食品、医疗设备和非禁运的生活用品来交换的。从1961年6、7月起，各种谈判的尝试断断续续地进行着。虽然这一行动基本上是由私人负责和筹措资金的，总统却为他的政府通过免税、协作、调拨剩余粮食和给予鼓励等方式所提供的帮助感到自豪。在突击队领导人获释后，总统和第一夫人在棕榈滩的家里接见了他们，被他们的仪态和精神深深感动了。两天以后，在奥兰治圆形竞技场对突击队员及其友人发表的一次演说中，总统预言突击队的旗帜总有一天会在自由的哈瓦那上空飘扬。

10月28日，星期六。莫斯科电台广播了赫鲁晓夫的回信。

> 我非常理解您以及美国人民对于您所称为进攻性武器所感到的忧虑，这的确是一种可怕的武器。您和我都了解，这是一种什么性质的武器。
>
> 为了尽快地消除这一危及和平事业的冲突，为了给渴望和平的各国人民以保证，苏联政府除了此前已下达的在武器的建筑工地停止施工的命令外，现又下达新命令拆除您所称为进攻性的武器，并将它们包装运回苏联。

随着这一句话的播出，这场严重的古巴导弹危机至此结束。信中没有再提撤出美国在土耳其的导弹为对等条件。

11月11日，苏联部署在古巴的42枚导弹全部撤走。

11月20日，肯尼迪宣布赫鲁晓夫答应在30天内从古巴撤走全部伊尔-28型轰炸机，肯尼迪同时宣布取消对古巴的海上封锁。与此同时，苏联政府命令苏联武装力量解除最高战备状态。加勒比海又平静了下来。

肯尼迪很可能是他的政府中最懦弱的一员，他根本不是鹰，但是他明白坚持这种立场才是更勇敢的。很多时候，寻求和平比发动战争更需要勇气。肯尼迪对危机的处理一直是果断的、不妥协，勇气是不偏不倚的。虽然很多人认为，那根本不是勇气，而是一种危险的固执。肯尼迪认识到，无论苏联战略能力陡增2倍或3倍所带来的军事影响是什么，政治影响可能是毁灭性的。赫鲁晓夫是想通过这一努力去重新调整，与华盛顿没有导弹差距的承认所确立的战略平衡。肯尼迪勇敢的鹰派作风和冷静灵活的反应，阻挠了这一计谋的实现，为美国人赢得了胜利。

第二节 肯尼迪于 1962 年关于古巴导弹危机发表电视讲话

Good evening, my fellow citizens:

This Government, as promised, has maintained the closest surveillance of the Soviet military buildup on the island of Cuba. Within the past week, unmistakable evidence has established the fact that a series of offensive missile sites is now in preparation on that imprisoned island. The purpose of these bases can be none other than to provide a nuclear strike capability against the Western Hemisphere.

Upon receiving the first preliminary hard information of this nature last Tuesday morning at 9 A.M., I directed that our surveillance be stepped up. And having now confirmed and completed our evaluation of the evidence and our decision on a course of action, this Government feels obliged to report this new crisis to you in fullest detail.

The characteristics of these new missile sites indicate two distinct types of installations. Several of them include medium range ballistic missiles, capable of carrying a nuclear warhead for a distance of more than 1,000 nautical miles. Each of these missiles, in short, is capable of striking Washington, D. C., the Panama Canal, Cape Canaveral, Mexico City, or any other city in the southeastern part of the United States, in Central America, or in the Caribbean area.

Additional sites not yet completed appear to be designed for intermediate range ballistic missiles—capable of traveling more than twice as far—and thus capable of striking most of the major cities in the Western Hemisphere, ranging as far north as Hudson Bay, Canada, and as far south as Lima, Peru. In addition, jet bombers, capable of carrying nuclear weapons, are now being uncrated and assembled in Cuba, while the necessary air bases are being prepared.

This urgent transformation of Cuba into an important strategic base—by the presence of these large, long-range, and clearly offensive weapons of sudden mass destruction—constitutes an explicit threat to the peace and security of all the Americas, in flagrant and deliberate defiance of the Rio Pact of 1947, the traditions of this nation and hemisphere, the joint resolution of the 87th Congress, the Charter of the United Nations, and my own public warnings to the Soviets on September 4 and 13. This action also contradicts the repeated assurances of Soviet spokesmen, both publicly and privately delivered, that the arms buildup in Cuba would retain its original defensive character, and that the Soviet

Union had no need or desire to station strategic missiles. on the territory of any other nation.

The size of this undertaking makes clear that it has been planned for some months. Yet, only last month, after I had made clear the distinction between any introduction of ground-to-ground missiles and the existence of defensive antiaircraft missiles, the Soviet Government publicly stated on September 11 that, and I quote, "the armaments and military equipment sent to Cuba are designed exclusively for defensive purposes," that there is, and I quote the Soviet Government, "there is no need for the Soviet Government to shift its weapons for a retaliatory blow to any other country, for instance Cuba," and that, and I quote their government, "the Soviet Union has so powerful rockets to carry these nuclear warheads that there is no need to search for sites for them beyond the boundaries of the Soviet Union."

That statement was false.

Only last Thursday, as evidence of this rapid offensive buildup was already in my hand, Soviet Foreign Minister Gromyko told me in my office that he was instructed to make it clear once again, as he said his government had already done, that Soviet assistance to Cuba, and I quote, "pursued solely the purpose of contributing to the defense capabilities of Cuba," that, and I quote him, "training by Soviet specialists of Cuban nationals in handling defensive armaments was by no means offensive, and if it were otherwise," Mr. Gromyko went on, "the Soviet Government would never become involved in rendering such assistance."

That statement also was false.

Neither the United States of America nor the world community of nations can tolerate deliberate deception and offensive threats on the part of any nation, large or small. We no longer live in a world where only the actual firing of weapons represents a sufficient challenge to a nation's security to constitute maximum peril. Nuclear weapons are so destructive and ballistic missiles are so swift, that any substantially increased possibility of their use or any sudden change in their deployment may well be regarded as a definite threat to peace.

For many years, both the Soviet Union and the United States, recognizing this fact, have deployed strategic nuclear weapons with great care, never upsetting the precarious status quo which insured that these weapons would not be used in the absence of some vital challenge. Our own strategic missiles have never been transferred to the territory of any other nation under a cloak of secrecy and deception; and our history—unlike that of the Soviets since the end of World War II—demonstrates that we have no desire to dominate or conquer any other nation or impose our system upon its people. Nevertheless, American citizens have become adjusted to living daily on the bull's-eye of Soviet missiles located inside the U.S.S.R. or in submarines.

In that sense, missiles in Cuba add to an already clear and present danger—although it should be noted the nations of Latin America have never previously been subjected to a potential nuclear threat. But this secret, swift, extraordinary buildup of Communist missiles—in an area well known to have a special and historical relationship to the United States and the nations of the Western Hemisphere, in violation of Soviet assurances, and in defiance of American and hemispheric policy—this sudden, clandestine decision to station strategic weapons for the first time outside of Soviet soil—is a deliberately provocative and unjustified change in the status quo which cannot be accepted by this country, if our courage and our commitments are ever to be trusted again by either friend or foe.

The 1930's taught us a clear lesson: aggressive conduct, if allowed to go unchecked and unchallenged, ultimately leads to war. This nation is opposed to war. We are also true to our word. Our unswerving objective, therefore, must be to prevent the use of these missiles against this or any other country, and to secure their withdrawal or elimination from the Western Hemisphere.

Our policy has been one of patience and restraint, as befits a peaceful and powerful nation which leads a worldwide alliance. We have been determined not to be diverted from our central concerns by mere irritants and fanatics. But now further action is required, and it is under way; and these actions may only be the beginning. We will not prematurely or unnecessarily risk the costs of worldwide nuclear war in which even the fruits of victory would be ashes in our mouth; but neither will we shrink from that risk at any time it must be faced.

Acting, therefore, in the defense of our own security and of the entire Western Hemisphere, and under the authority entrusted to me by the Constitution as endorsed by the Resolution of the

Congress, I have directed that the following initial steps be taken immediately:

First: To halt this offensive buildup a strict quarantine on all offensive military equipment under shipment to Cuba is being initiated. All ships of any kind bound for Cuba from whatever nation or port will, if found to contain cargoes of offensive weapons, be turned back. This quarantine will be extended, if needed, to other types of cargo and carriers. We are not at this time, however, denying the necessities of life as the Soviets attempted to do in their Berlin blockade of 1948.

Second: I have directed the continued and increased close surveillance of Cuba and its military buildup. The foreign ministers of the OAS [Organization of American States], in their communiqué' of October 6, rejected secrecy on such matters in this hemisphere. Should these offensive military preparations continue, thus increasing the threat to the hemisphere, further action will be justified. I have directed the Armed Forces to prepare for any eventualities; and I trust that in the interest of both the Cuban people and the Soviet technicians at the sites, the hazards to all concerned of continuing this threat will be recognized.

Third: It shall be the policy of this nation to regard any nuclear missile launched from Cuba against any nation in the Western Hemisphere as an attack by the Soviet Union on the United States, requiring a full retaliatory response upon the Soviet Union.

Fourth: As a necessary military precaution, I have reinforced our base at Guantanamo, evacuated today the dependents of our personnel there, and ordered additional military units to be on a standby alert basis.

Fifth: We are calling tonight for an immediate meeting of the Organ[ization] of Consultation under the Organization of American States, to consider this threat to hemispheric security and to invoke articles 6 and 8 of the Rio Treaty in support of all necessary action. The United Nations Charter allows for regional security arrangements, and the nations of this hemisphere decided long ago against the military presence of outside powers. Our other allies around the world have also been alerted.

Sixth: Under the Charter of the United Nations, we are asking tonight that an emergency meeting of the Security Council be convoked without delay to take action against this latest Soviet threat to world peace. Our resolution will call for the prompt dismantling and withdrawal of all offensive weapons in Cuba, under the supervision of U.N. observers, before the quarantine can be lifted.

Seventh and finally: I call upon Chairman Khrushchev to halt and eliminate this clandestine, reckless, and provocative threat to world peace and to stable relations between our two nations. I call upon him further to abandon this course of world domination, and to join in an historic effort to end the perilous arms race and to transform the history of man. He has an opportunity now to move the world back from the abyss of destruction by returning to his government's own words that it had no need to station missiles outside its own territory, and withdrawing these weapons from

Cuba by refraining from any action which will widen or deepen the present crisis, and then by participating in a search for peaceful and permanent solutions.

This nation is prepared to present its case against the Soviet threat to peace, and our own proposals for a peaceful world, at any time and in any forum—in the OAS, in the United Nations, or in any other meeting that could be useful—without limiting our freedom of action. We have in the past made strenuous efforts to limit the spread of nuclear weapons. We have proposed the elimination of all arms and military bases in a fair and effective disarmament treaty. We are prepared to discuss new proposals for the removal of tensions on both sides, including the possibilities of a genuinely independent Cuba, free to determine its own destiny. We have no wish to war with the Soviet Union—for we are a peaceful people who desire to live in peace with all other peoples.

But it is difficult to settle or even discuss these problems in an atmosphere of intimidation. That is why this latest Soviet threat—or any other threat which is made either independently or in response to our actions this week— must and will be met with determination. Any hostile move anywhere in the world against the safety and freedom of peoples to whom we are committed, including in particular the brave people of West Berlin, will be met by whatever action is needed.

Finally, I want to say a few words to the captive people of Cuba, to whom this speech is being directly carried by special radio facilities. I speak to you as a friend, as one who knows of your deep attachment to your fatherland, as one who shares your aspirations for liberty and justice for all. And I have watched and the American people have watched with deep sorrow how your nationalist revolution was betrayed—and how your fatherland fell under foreign domination. Now your leaders are no longer Cuban leaders inspired by Cuban ideals. They are puppets and agents of an international conspiracy which has turned Cuba against your friends and neighbors in the Americas, and turned it into the first Latin American country to become a target for nuclear war—the first Latin American country to have these weapons on its soil.

These new weapons are not in your interest. They contribute nothing to your peace and well-being. They can only undermine it. But this country has no wish to cause you to suffer or to impose any system upon you. We know that your lives and land are being used as pawns by those who deny your freedom. Many times in the past, the Cuban people have risen to throw out tyrants who destroyed their liberty. And I have no doubt that most Cubans today look forward to the time when they will be truly free—free from foreign domination, free to choose their own leaders, free to select their own system, free to own their own land, free to speak and write and worship without fear or degradation. And then shall Cuba be welcomed back to the society of free nations and to the associations of this hemisphere.

My fellow citizens, let no one doubt that this is a difficult and dangerous effort on which we have set out. No one can foresee precisely what course it will take or what costs or casualties will be incurred. Many months of sacrifice and self-discipline lie ahead—months in which both our patience and our will will be tested, months in which many threats and denunciations will keep us aware of our dangers. But the greatest danger of all would be to do nothing.

The path we have chosen for the present is full of hazards, as all paths are; but it is the one most consistent with our character and courage as a nation and our commitments around the world. The cost of freedom is always high, but Americans have always paid it. And one path we shall never choose, and that is the path of surrender or submission.

Our goal is not the victory of might, but the vindication of right; not peace at the expense of freedom, but both peace and freedom, here in this hemisphere, and, we hope, around the world. God willing, that goal will be achieved.

Thank you and good night.

晚上好，我的同胞们：

本政府一直如承诺地，对古巴岛上的苏联军事建设保持着最密切的留意。在上周，有清晰的证据显示了这样的事实，在那个被囚禁的小岛上，一系列进攻性导弹场地正处在建设中。这些基地除了提供针对西半球的核打击能力，实在找不出存在的其他目的。

在上个星期二早上 9 点，我一收到第一份该性质的初步严峻情报，就指示把我们的监视升级。现在证据已获证实，并完成了证据评估和我们对采取行动所做的决策。本政府觉得有责任向你们报告这场新危机最详细的情况。

这些新导弹场地的特点明确表明是两种不同类型的安装。其中包括一些能够携带射程超过 1000 海里的核弹头的中程弹道导弹。简单地讲，每枚这样的导弹都能够对华盛顿特区、巴拿马运河、卡纳维拉尔角、墨西哥城，或美国东南部、中美洲、加勒比地区的任何其他城市进行打击。

另外尚未完工的场地，看来是被用于射程超过上面所说导弹 2 倍的中程导弹，进而能够打击最北至加拿大哈得森湾，最南至秘鲁利马的西半球大多数主要城市。另外，能够携带核武器的喷气式轰炸机已运抵古巴开始组装，配套的空军基地也在建设中。

这些大型、远程而且明显具攻击性的武器能在瞬间形成大规模杀伤力，它们的出现说明古巴已经急速蜕变为一个战略要地，这对所有美国人的和平和安全构成了明确的威胁。是对 1947 年里约协定，美国与西半球的传统，87 届联大联合决议，联合国宪章以及我在 9 月 3 日和 13 日对苏联所做警告进行公然和蓄意的挑衅。该行为也与苏联发言人在公开和私下场合反复透露的保证——在古巴的军事建设仍然是防御性质，苏联不需要或没有必要在任何其他国家领土上布置战略导弹相矛盾。

这些工程的规模清晰的表明，对方已经计划了数月。然而就是上个月，在我对引入的地地导弹和现有防空导弹之间做出了明确界定后，苏联政府在 9 月 11 日做了公开声明，我来引用："运往古巴的武器和军事设施专门用于防御目的。"这里还有："苏联政府不需要为了报复性还击，把武器运到任何其他国家。"我再引用："苏联有威力强大的火箭足以运送核弹头，不需要在苏联国界外寻求基地。"

这个声明是假的。

就在上个星期四，当我已经掌握了进攻性工事在快速兴建的证据时，苏联外相葛罗米柯在我的办公室告诉我，他获得指示再向我澄清一遍。他说他的政府即苏联对古巴实行的援助，我这里引用："仅仅是为了增加古巴的防御能力。"我再引用："苏联专家是训练古巴人掌握防御性武器，如果该培训包含其他内容也决不具进攻性质。"他接着说："苏联政府绝对不会提供这样的援助。"

这个声明又是假的。

美国和国际社会都无法容忍对任何国家，无论大小，进行蓄意的欺骗和进攻威胁。我们将要居住在一个炮火纷飞的真实世界，这代表了对一个国家安全的极大挑战，构成了最大的威胁。核武器威力惊人，而弹道导弹的速度又如此之快，任何它们使用机会的实质性增加，或它们的部署发生任何突然的变化，都会被当做对和平构成明确的威胁。

多年来，美国和苏联都认识到了这个事实，小心翼翼地开发战略核武器，决不扰乱这些武器的不稳定现状，保证它们不得在非紧要关头使用。我国的核武器从来没有在诡秘和欺骗的外衣下，被转移到其他任何国家的领土上；我们的历史也不像苏联自二战结束以来的历史，说明我们没有欲望支配或征服其他任何国家或把我们的制度强加给其他国家的人民。然而，美国人民却要适应每天在苏联导弹或潜艇的靶心下生活。

从这个意义上讲，古巴的导弹已经明显加剧了现实的威胁。尽管要注意的是拉美国家以前从来没受到过潜在的核威胁，但苏联导弹这样秘密、快速和不寻常的建立，而且在一个众所周知对美国和西半球国家有特殊和历史关系的地区。这违反了苏联的保证，是对美国和西半球政策的挑衅。这种突然秘密地把战略武器首次部署在苏联国土以外的决策是蓄意挑衅，如果要我们的朋友或敌人再次相信我们的勇气和承诺，那我国就不能接受对现状进行目中无人的改变。

20世纪30年代的现实给我们上了清楚的一课，进攻性行为如果不加节制和未受到还击，最终会滑向战争。美国反对战争，但我们也不食言。因此我们的目标是必须至死不渝地防止，针对美国或任何其他国家使用这些导弹，并确保其从西半球撤除或拆毁。

忍耐和克制一直是我们的政策之一，这让一个领导世界联盟的，和平而强大的国家受益。我们的关注中心也肯定不仅仅是刺激和狂躁。但现在要采取进一步的行动，已经在进行中了。这些行动还只是个开始。即使我们尝不到胜利的果实，也不会过早地或没有必要冒造成世界核大战的风险，但无论何时，面对必须要冒的风险，我们也决不退缩。

因此要采取行动来保卫我们和整个西半球的安全，根据宪法赋予我的权力并经国会决议批准，我指示立即采取以下初步步骤。

首先，暂停该进攻性建筑工事，开始对所有运往古巴的进攻性军事设备进行严格盘查。无论从哪个国家或港口驶往古巴的任何船只，如果被发现货物中包含进攻性武器都必须返回。如果需要，这样的盘查将扩大到其他类型的货物和运输工具。不过此时我们不会拒绝生活必需品的输入，就像苏联在1948年封锁柏林时那样。

第二，我指示对古巴和其军事工事进行持续的更严密监视。美洲国家组织的外长在10月6日的公告中，拒绝对事关整个西半球的事态进行保密。如果这些进攻性军事准备继续下去，对西半球的威胁就进而增大了，会有进一步的行动。我已经命令陆海空三军准备应对任何出现的可能性，而我也相信从那些在基地的古巴人和苏联技师的利益考虑，这样的威胁继续下去会被认为对所有各方都构成危害。

第三，我国的政策是，从古巴发射的针对西半球任何国家的任何核弹，都将被看作是苏联对美国的攻击，都会对苏联采取全面的报复。

第四，作为必要的军事戒备，我加强了我们在关塔纳摩的基地，今天撤离了那里人员的家属，并下令更多军事单位进驻，处于待命警戒状态。

第五，为了考虑该威胁对西半球的安全和援引里约条约第6条和第8条来支持所有必要的行动，我要求立即召开美洲国家组织协商会议。联合国宪章允许对地区安全进行安排，西半球国家很早以前就决定了反对来自该区域以外军事力量的存在。我们在全世界的其他盟国也已接获警报。

第六，根据联合国宪章，我们要求立刻召开安理会紧急会议，对苏联最近对世界和平的威胁采取行动。我们的解决方案是在盘查升级之前，呼吁在联合国观察员的监督下，立刻拆除并撤走所有在古巴的进攻性武器。

第七，我呼吁赫鲁晓夫主席暂停和消除这种对世界和平进行的秘密、不顾后果和挑衅性的威胁，并稳定我们两国的关系。我呼吁他进一步摒弃这种支配世界的做法，加入到终结危险军备竞赛和改变人类历史的历史性努力中。现在他有机会把世界从毁灭的深渊中拉回来，做到这点只要他的政府能够信守诺言——不需要在其领土外部署导弹，从古巴撤走这些武器来控制任何会扩大或加剧现有危机的活动，寻求一个和平和永久的解决方法。

美国准备在任何时候，无论是在美洲国家组织，联合国或任何其他有帮助的会议上，在我们的自由不受限制的情况下，讨论苏联对和平的威胁和我们对世界和平的提议。我们过去做出了艰苦的努力来限制核武器的扩散。我们打算用公平和有效的裁军条约来消除所有的军事和武装基地。我们还准备讨论消除双方紧张的新提案，包括古巴真正独立，自己决定其命运的可能性。我们不希望同苏联开战，因为我们是一个想同所有其他民族和平相处的民族。

但在被胁迫的气氛中很难解决，甚至讨论这些问题。这就是为什么苏联最近的威胁或任何其他单独或针对我们本周所采取活动的威胁必须要被果断解决的原因。对世界上任何地方都得到美国承诺的人民的安全和自由采取敌对行动，尤其包括西柏林那些勇敢的人民，无论采取什么行动都必须被解决。

最后我想对被压制的古巴人民，对通过特殊收听器材直接听到该演讲的人说几句话。我是以一个朋友，一个深知你们对祖国深深依恋的人，一个和你们分享对自由和正义的渴望的人在对你们说话。我和美国人民对你们的国民革命如何被出卖，你们的祖国如何向外国势力臣服表示深切的遗憾。现在你们的领导人不再是心中有古巴的领导人。他们是被国际阴谋所操纵的傀儡和代理人，想把古巴变成核大战的目标。古巴是第一个在自己的土地上拥有这些武器的拉美国家。

这些新式武器不代表你们的利益，它们对你们的和平和幸福起不到任何贡献，只能伤害你们的和平和幸福。但美国不想让你们遭受痛苦或把任何制度强加给你们。我们知道你们的生命和国家正被否定你们自由的人扣为抵押品。古巴人民过去多次起义推翻破坏他们自由的暴君。我深信大多数古巴人现在都期待着他们能真正自由的那天——不受外国支配，自由选择自己的领导人，自由地选择自己的制度，自由地拥有国家，自由发言和出版，不需要伴随着恐惧或蔑视人格的崇拜。而那时将欢迎古巴重返自由国家的社会和西半球大家庭。

我的同胞们，不要怀疑我们付出的努力有多困难和危险。没有人能真正预见会采取什么行动，或付出什么代价或遭到什么伤亡。今后的几个月要准备牺牲和克制，这几个月我们的耐心和意愿将接受考验，这几个月许多威胁和谴责能让我们意识到危险。但最大的危险是什么都不做。

像所有的路一样，我们现在选择了一条充满危险的路，但这是与我们国家的特点和勇气以及美国对全世界的承诺最一致的一条路。自由的代价一直很高，但美国人总是愿意为此付出。有一条路我们绝对不会选择，那就是投降或屈服。

我们的目标不是胜利，而是辩明权利。不仅西半球，我们希望全世界都不以自由为代价来换取和平，而是同时拥有自由与和平。上帝保佑，这个目标必将实现。

谢谢大家并祝大家晚安。

第三节 精彩语录

Neither the United States of America nor the world community of nations can tolerate deliberate deception and offensive threats on the part of any nation, large or small. We no longer live in a world where only the actual firing of weapons represents a sufficient challenge to a nation's security to constitute maximum peril. Nuclear weapons are so destructive and ballistic missiles are so swift, that any substantially increased possibility of their use or any sudden change in their deployment may well be regarded as a definite threat to peace.

美国和国际社会都无法容忍对任何国家，无论大小，进行蓄意的欺骗和进攻威胁。我们将要居住在一个炮火纷飞的真实世界，这代表了对一个国家安全的极大挑战，构成了最大的威胁。核武器威力惊人，而弹道导弹的速度又如此之快，任何它们使用机会的实质性增加，或它们的部署发生任何突然的变化，都会被当作对和平构成明确的威胁。

Our policy has been one of patience and restraint, as befits a peaceful and powerful nation which leads a worldwide alliance. We have been determined not to be diverted from our central concerns by mere irritants and fanatics. But now further action is required, and it is under way; and these actions may only be the beginning. We will not prematurely or unnecessarily risk the costs of worldwide nuclear war in which even the fruits of victory would be ashes in our mouth; but neither will we shrink from that risk at any time it must be faced.

忍耐和克制一直是我们的政策之一，这让一个领导世界联盟的，和平而强大的国家受益。我们的关注中心也肯定不仅仅是刺激和狂躁。但现在要采取进一步的行动，已经在进行中了。这些行动还只是个开始。即使我们尝不到胜利的果实，也不会过早地或没有必要冒造成世界核大战的风险，但无论何时，面对必须要冒的风险，我们也决不退缩。

I call upon him further to abandon this course of world domination, and to join in an historic effort to end the perilous arms race and to transform the history of man. He has an opportunity now to move the world back from the abyss of destruction by returning to his government's own words that it had no need to station missiles outside its own territory, and withdrawing these weapons from Cuba by refraining from any action which will widen or deepen the present crisis, and then by participating in a search for peaceful and permanent solutions.

我呼吁他进一步摒弃这种支配世界的做法，加入到终结危险军备竞赛和改变人类历史的历史性努力中。现在他有机会把世界从毁灭的深渊中拉回来，做到这点只要他的政府能够信守诺言——不需要在其领土外部署导弹，从古巴撤走这些武器来控制任何会扩大或加剧现有危机的活动，寻求一个和平和永久的解决方法。

The path we have chosen for the present is full of hazards, as all paths are; but it is the one most consistent with our character and courage as a nation and our commitments around the world. The cost of freedom is always high, but Americans have always paid it. And one path we shall never choose, and that is the path of surrender or submission.

像所有的路一样，我们现在选择了一条充满危险的路，但这是与我们国家的特点和勇气以及美国对全世界的承诺最一致的一条路。自由的代价一直很高，但美国人总是愿意为此付出。有一条路我们绝对不会选择，那就是投降或屈服。

Our goal is not the victory of might, but the vindication of right; not peace at the expense of freedom, but both peace and freedom, here in this hemisphere, and, we hope, around the world. God willing, that goal will be achieved.

我们的目标不是胜利，而是辩明权利。不仅西半球，我们希望全世界都不以自由为代价来换取和平，而是同时拥有自由与和平。上帝保佑，这个目标必将实现。

第六章

我们选择登月

第一节 背景介绍

1957年前苏联在抢先发射第一颗人造地球卫星之后，又于1961年把第一名航天员送上了地球轨道。这是人类历史上最具震撼力的探索与进步，从而使前苏联在航天领域遥遥领先。这大大刺激了技术力量雄厚的美国，美国总统肯尼迪惊呼："我们落后了！"为了迎接苏联的太空挑战，美国决心不惜一切代价，重振昔日科技和军事领先的雄风。

总统在1961年向联合国发表的演说中，要求在一个新的领域——外层空间进行和平的合作。他说："决不能让宇宙的寒冷地区成为更加寒冷的冷战的新战场。"在那年的就职演说和第一份国情咨文中，他号召东西方合作来创造科学的奇迹，而不是使人看到科学的恐怖。让我们一起去探索星球吧。

但是，苏联人粗暴地拒绝了这个建议。他们无意同大大落后于他们的美国空间计划——不是在科学研究的数量和种类上，而是在把大型运载工具发射入轨道的十分重要的能力上进行合作。苏联人有较为强大的火箭推进器，在 1957 年首先发射了一个宇宙卫星，接着又第一个把活的动物送入了空间轨道。尽管多数党领袖约翰逊一再敦促，艾森豪威尔政府在着手制定空间计划方面却是迟缓和拖拉的，而共和党官员们还对俄国人所作的努力大加嘲笑和表示怀疑。杜鲁门总统也砍掉了战后在德国科学家帮助下开始制定的初期美国空间计划。

为了打破前苏联的航天优势，肯尼迪召集各有关部门首脑商量对策，他大大增加了发展大型土星或火箭推进器的预算，并使国家空间委员会恢复了活力。由副总统担任主席，在减少军方和文职人员进行无原则的争辩的情况下加速工作的进展。但这还不够。在加加林进入太空的消息宣布后第二天，当国家航空和宇宙航行局局长詹姆斯·韦布把一个美国设计的，即将把一位美国飞行员送入空间的密封小舱的模型带来放在桌上时，肯尼迪还是很不安心。他打量着放在他桌上的这个鲁布·戈德堡式的新鲜玩意儿，心想这或许是韦布当天早晨在上班的路上从玩具店买来的。

国家航空和宇宙航行局报告说，未来惊人的庞大计划按其可能的发展程序大约包括：更长时间的单人轨道飞行，双人宇宙飞船，空间轨道实验室，固定的宇宙中间站，绕过月球后返回地面的载人火箭，登上月球再返回地球的载人火箭，勘察星球的载人火箭，以及用于宇宙航行的全部可控制的飞机。科学家们说，美国要在这份报告的前几项的任何一个项目上超过苏联人其前景都是暗淡的，因为他们一开始在火箭方面就占了优势。击败他们第一个最好的赌注是使人登上月球。

但是总统一旦迈开了步子就不再后退。对于那些认为把这笔钱用来消除这个星球上的贫穷和无知更为值得的人，他指出我国有财力把这两方面的事业都办到。但提出前面那种意见的国会议员，不论空间计划的规模大小如何，似乎都不会投票提供更多的福利基金。对那些批评他把力量集中在登月计划上的人，他指出这是进行具有广泛基础的科学研究力的焦点问题，约有六十项其他互不相关的工程占去了空间预算的将近四分之一。对那些争辩说单靠仪器本身就能完成这项工作的人，他回答说，人是一切仪器中最了不起的计算机。人的判断力、勇气以及吸取经验的能力仍然使人在各种仪器中居于独特的地位。对那些担心发射万一失败将使美国蒙受重大损失的人，他回答说，这个冒险不仅显示出我们献身于自由的精神，还可以提高我们取得成就的声望，否则的话，别人可能会把我们已取得的成就看作是第二流的。

总统说，美国仍然不是名列第一。赫鲁晓夫主席发表了各种听起来似乎是漫不经心的声明。例如，在维也纳提出的建议，说美国更能第一个登上月球而后苏联再跟上，这都没有使他上当。他也没有因为国内持不同意见者群起反对而裹足不前。他注意到每当苏联获得一项引人注目的成就，就有人要求政府在一项应急的曼哈顿计划的基础上多搞出点名堂来。在美国每进行了一次宇宙飞行后，就有人要求世界承认美国所取得的优势。但在各次飞行的较长的间隔中，总有人要求削减空间预算和放慢时间表，因为纳税人抱怨费用太大。科学家抱怨说，更重要的活动受到了忽视。共和党人开始散布这样的论调，说空间计划是白花钱，是科学幻想的花招等。

总统比他的任何一个顾问都更为清楚地认识到，在空间探索方面处于第二流、第二位的情况，是同美国的安全、同美国充当世界领袖的角色，以及同“新边疆”政策的开发精神不相称的。因此。他要求副总统以空间研究委员会主席的身份，根据美国的人力、科学水平、设备、代用燃料、机构之间的合作以及资金等条件，设法对取得空间优势所能采取和必须采取的步骤的一切基本问题找出答案来。委员会集中力量召开了一些意见听取会。韦布和麦克纳马拉拟出了新的空间预算的细节。在这些报告的基础上，总统作出了他后来称之为他当总统所作出的最重要的决定之一：“把我们的空间探索工作从低速转向高速。”在 1961 年 5 月他在第二份特别国情咨文中作出了坚定而惊人的保证：在这十年结束之前，要把人送上月球并安全地返回地球。

他不愿意事先规定一个确切的年份，只提到这十年作为期限，这样他以后可以解释为 1969 年或 1970 年。事实上，詹姆斯·韦布把这样一种预想告诉了他，即预期在 1968 年下半年实现的月球之行，将作为他第二任任期胜利的顶峰。根据之前对空间计划提供的支持的程度来看，这一飞行如果实现的话，也决不可能在七十年代中期之前。不管日期如何，这项保证的目的是使人们感到需要把注意力集中在整个空间计划上，并且有一种实现它的迫切感。登上月球并不是所要进行的唯一的空间工作，不过这显然是现代史上人类的伟大冒险活动之一。

他说，这个时期，没有一项其他的空间计划比这一项对人类影响更大或更为重要。实现起来也没有如此困难和如此昂贵。这将需要把它置于国家最优先考虑的事务中，需要从其他重要的活动中抽调科学人员和资金，需要更大程度的献身精神和纪律性，并且要杜绝长期以来干扰空间计划的一切小规模的怠工、竞争和人员变动。就十分现实的意义来说，这将不是一个人登上月球，这将是整个国家登上月球。因为我们大家必须为了把他送上月球而努力。这不仅仅是一场竞赛，现在空间已向我们敞开大门，我们热衷于分担对空间的探索，并不受别人在这方面努力的限制。我们进入空间，因为只要是人类必须承担的事业，自由人都必须尽到自己的一份力量。

1961 年 5 月 25 日，肯尼迪在题为“国家紧急需要”的特别咨文中提出，在十年内将美国人送上月球。他说：“我相信国会会同意，必须在本十年末，将美国人送上月球，并保证其安全返回。整个国家的威望在此一举。”肯尼迪以历届总统都没有的坦率态度警告美国人民，除非他们具有跑完全程的毅力，否则就不要接受这项任务。于是，美国航宇局制订了著名的“阿波罗”登月计划。

阿波罗是古代希腊神话中掌管诗歌和音乐的太阳神，传说他与月神是同胞姐弟，曾用金箭杀死巨蟒，替母亲报仇雪恨。美国政府选用太阳神命名登月计划，其心情可想而知。

为研制大型运载火箭，著名的火箭专家布劳恩及其 4 人小组划归国家航空航天局。同时政府为“土星 5”号火箭的研制拨款 1.4 亿美元经费。

但是，建造登月船并不是轻而易举的事情。两个月后，美国科学家为实施“阿波罗”登月计划拿出了直接登月、地球轨道会合、加油飞机、月球表面会合 4 种方案，但是，每种方案都存在着各种不易解决的问题。在以后的日子里，尽管失败、事故和来自某些方面的苛刻批评接连不断，但美国人民和他们的政府支持“阿波罗”计划的决心却从来没有动摇过。他们下定决心，一定要把苏联人摔倒在月球上，以雪屡屡败北之耻。

正当美国科学家和政府首脑犹豫不决时，一位名叫约翰·C·霍博特的太空署工程师提出了第5种方案 "月球轨道会合"法，这种方法是从地球上发射一支推力为750万磅的"土星5"号火箭，将装载3名宇航员的"阿波罗"太空船推向月球。"阿波罗"太空船绕月球轨道运行，但并不在月球上降落，而是分离出一艘小的登月舱登月舱带着2名宇航员依靠倒退火箭抵达月球表面，第3名宇航员则留在太空船上环绕月球飞行。当勘查工作完成后，月球上的2位宇航员就引发登月舱上的火箭，重新和太空船会合。然后3名宇航员乘坐太空船，引发火箭回到地球。最终，科学家们决定采用"月球轨道会合"法。1969年7月16日，巨大的"土星5"号火箭载着"阿波罗11"号飞船，从美国卡纳维拉尔角肯尼迪航天中心升空，开始了人类首次登月的太空征程。美国宇航员尼尔·阿姆斯特朗、巴兹·奥尔德林、迈克尔·柯林斯驾驶着"阿波罗11"号宇宙飞船，跨过38万公里的征程，承载着全人类的梦想踏上了月球。这确实是一个人的小小一步，但是整个人类却迈出了伟大的一步，他们见证了人类从地球到月球梦想的实现。

毋庸讳言，阿波罗计划实施的背景是美苏两国冷战中的太空竞赛。正是在这个大背景下，带有强烈浪漫主义色彩的肯尼迪登场了。在做出自己任期内要让美国的太空探索和导弹防御两个项目全面超过前苏联的承诺之后，肯尼迪终于在总统竞选中胜出。1961年1月20日，他发表了激情四射的就职演讲展望冷战与太空竞赛："对那些与我们作对的国家，我们提出一个要求而不是一项保证。在科学释放出可怕的破坏力量，把全人类卷入预谋或意外的自我毁灭的深渊之前，让我们双方重新开始寻求和平……让双方寻求利用科学的奇迹，而不是乞灵于科学造成的恐怖。让我们一起探索星球，征服沙漠……”

肯尼迪将登陆月球，在太空竞赛中彻底胜出作为寻求和平的捷径。4 个月后的 5 月 25 日，他力排参众两院的反对意见，发表了要在 20 世纪 60 年代末登上月球的演讲：“我们要登上月球，并非因为它容易，而是因为它极其艰难……没有任何单一的航天计划会比登月更能使人类振奋，也没有任何计划比对远程宇宙探索更重要，也没有任何计划像登月一样昂贵且充满挑战。”

在美国科学家尤其是天文与航天领域的科学家眼中，肯尼迪无愧于一位伟大的总统。在他遇刺身亡近半个世纪以后的今天，他依然受到这些科学家的敬意与谢意——他是阿波罗计划真正的缔造者，正是他那近于天真的浪漫与激情，照亮了阿波罗探月之路。

尽管肯尼迪本人没有看到登月的成功，但阿波罗计划以他期望的方式终结了空间竞赛。它标志着美国在这个领域已经赶超前苏联，打破了原先双方势均力敌的僵局。1975 年 7 月 17 日，前苏联的联盟 19 号和阿波罗 18 号在太空中成功对接，美、苏两位指令长在太空第一次握手，部分实现了肯尼迪当年“双方寻求利用科学的奇迹”的愿望。

不仅如此，当时以过于昂贵为由反对阿波罗计划的参众两院议员，事后也发现自己的担心是多余的。阿波罗计划前后投入超过 30 万的人力和 255 亿美元（大约相当于现在的 1500 亿美元）资金，后来保守的估算认为该计划在经济上的投入产出比是 1:14，原因在于它全面带动了其他民用技术的发展。阿波罗计划在电子控制、铁路运输、医疗保障、天气预报等多方面都起到了带动作用，比如目前许多种类的体检设备都来自于阿波罗计划。如果没有阿波罗计划，目前人们普遍使用的手机很可能要晚许多年才会出现。

另外，阿波罗计划作为一项系统化工程，推进了全世界工业产品的可靠性。由于要保护宇航员的生命安全，美国宇航局进行了一系列的可靠性管理和控制，推广到民用后进一步带动各个领域。因而，阿波罗计划带动了全世界各个领域的技术进步，其影响一直延续到现在，今天我们每一个人事实上都是其受益者。

第二节 肯尼迪于 1962 年在赖斯大学关于航天事业的演讲

Houston, Texas, September 12, 1962

President Pitzer, Mr. Vice President, Governor, Congressman Thomas, Senator Wiley, and Congressman Miller, Mr. Webb, Mr. Bell, scientists, distinguished guests, and ladies and gentlemen:

I appreciate your president having made me an honorary visiting professor, and I will assure you that my first lecture will be very brief.

I am delighted to be here and I'm particularly delighted to be here on this occasion. We meet at a college noted for knowledge, in a city noted for progress, in a State noted for strength, and we stand in need of all three, for we meet in an hour of change and challenge, in a decade of hope and fear, in an age of both knowledge and ignorance. The greater our knowledge increases, the greater our ignorance unfolds.

Despite the striking fact that most of the scientists that the world has ever known are alive and working today, despite the fact that this Nation' s own scientific manpower is doubling every 12 years in a rate of growth more than three times that of our population as a whole, despite that, the vast stretches of the unknown and the unanswered and the unfinished still far outstrip our collective comprehension.

No man can fully grasp how far and how fast we have come, but condense, if you will, the 50,000 years of man' s recorded history in a time span of but a half a century. Stated in these terms, we know very little about the first 40 years, except at the end of them advanced man had learned to use the skins of animals to cover them. Then about 10 years ago, under this standard, man emerged from his caves to construct other kinds of shelter. Only five years ago man learned to write and use a cart with wheels. Christianity began less than two years ago. The printing press came this year, and then less than two months ago, during this whole 50-year span of human history, the steam engine provided a new source of power. Newton explored the meaning of gravity. Last month electric lights and telephones and automobiles and airplanes became available. Only last week did we develop penicillin and television and nuclear power, and now if America' s new spacecraft succeeds in reaching Venus, we will have literally reached the stars before midnight tonight.

This is a breathtaking pace, and such a pace cannot help but create new ills as it dispels old, new ignorance, new problems, new dangers. Surely the opening vistas of space promise high costs and hardships, as well as high reward.

So it is not surprising that some would have us stay where we are a little longer to rest, to wait. But this city of Houston, this State of Texas, this country of the United States was not built by those who waited and rested and wished to look behind them. This country was conquered by those who moved forward—and so will space.

William Bradford, speaking in 1630 of the founding of the Plymouth Bay Colony, said that all great and honorable actions are accompanied with great difficulties, and both must be enterprised and overcome with answerable courage.

If this capsule history of our progress teaches us anything, it is that man, in his quest for knowledge and progress, is determined and cannot be deterred. The exploration of space will go ahead, whether we join in it or not, and it is one of the great adventures of all time, and no nation which expects to be the leader of other nations can expect to stay behind in the race for space.

Those who came before us made certain that this country rode the first waves of the industrial revolutions, the first waves of modern invention, and the first wave of nuclear power, and this generation does not intend to founder in the backwash of the coming age of space. We mean to be a part of it—we mean to lead it. For the eyes of the world now look into space, to the moon and to the planets beyond, and we have vowed that we shall not see it governed by a hostile flag of conquest, but by a banner of freedom and peace. We have vowed that we shall not see space filled with weapons of mass destruction, but with instruments of knowledge and understanding.

Yet the vows of this Nation can only be fulfilled if we in this Nation are first, and, therefore, we intend to be first. In short, our leadership in science and in industry, our hopes for peace and security, our obligations to ourselves as well as others, all require us to make this effort, to solve these mysteries, to solve them for the good of all men, and to become the world's leading space–faring nation.

We set sail on this new sea because there is new knowledge to be gained, and new rights to be won, and they must be won and used for the progress of all people. For space science, like nuclear science and all technology, has no conscience of its own. Whether it will become a force for good or ill depends on man, and only if the United States occupies a position of pre–eminence can we help decide whether this new ocean will be a sea of peace or a new terrifying theater of war. I do not say the we should or will go unprotected against the hostile misuse of space any more than we go unprotected against the hostile use of land or sea, but I do say that space can be explored and mastered without feeding the fires of war, without repeating the mistakes that man has made in extending his writ around this globe of ours.

There is no strife, no prejudice, no national conflict in outer space as yet. Its hazards are hostile to us all. Its conquest deserves the best of all mankind, and its opportunity for peaceful cooperation many never come again. But why, some say, the moon? Why choose this as our goal? And they may well ask why climb the highest mountain? Why, 35 years ago, fly the Atlantic? Why does Rice play Texas?

We choose to go to the moon. We choose to go to the moon in this decade and do the other things, not because they are easy, but because they are hard, because that goal will serve to organize and measure the best of our energies and skills, because that challenge is one that we are willing to accept, one we are unwilling to postpone, and one which we intend to win, and the others, too.

It is for these reasons that I regard the decision last year to shift our efforts in space from low to high gear as among the most important decisions that will be made during my incumbency in the office of the Presidency.

In the last 24 hours we have seen facilities now being created for the greatest and most complex exploration in man's history. We have felt the ground shake and the air shattered by the testing of a Saturn C-1 booster rocket, many times as powerful as the Atlas which launched John Glenn, generating power equivalent to 10,000 automobiles with their accelerators on the floor. We have seen the site where five F-1 rocket engines, each one as powerful as all eight engines of the Saturn combined, will be clustered together to make the advanced Saturn missile, assembled in a new building to be built at Cape Canaveral as tall as a 48 story structure, as wide as a city block, and as long as two lengths of this field.

Within these last 19 months at least 45 satellites have circled the earth. Some 40 of them were "made in the United States of America" and they were far more sophisticated and supplied far more knowledge to the people of the world than those of the Soviet Union.

The Mariner spacecraft now on its way to Venus is the most intricate instrument in the history of space science. The accuracy of that shot is comparable to firing a missile from Cape Canaveral and dropping it in this stadium between the the 40-yard lines.

Transit satellites are helping our ships at sea to steer a safer course. Tiros satellites have given us unprecedented warnings of hurricanes and storms, and will do the same for forest fires and icebergs.

We have had our failures, but so have others, even if they do not admit them. And they may be less public.

To be sure, we are behind, and will be behind for some time in manned flight. But we do not intend to stay behind, and in this decade, we shall make up and move ahead.

The growth of our science and education will be enriched by new knowledge of our universe and environment, by new techniques of learning and mapping and observation, by new tools and computers for industry, medicine, the home as well as the school. Technical institutions, such as Rice, will reap the harvest of these gains.

And finally, the space effort itself, while still in its infancy, has already created a great number of new companies, and tens of thousands of new jobs. Space and related industries are generating new demands in investment and skilled personnel, and this city and this State, and this region, will share greatly in this growth. What was once the furthest outpost on the old frontier of the West will be the furthest outpost on the new frontier of science and space. Houston, your City of Houston, with its Manned Spacecraft Center, will become the heart of a large scientific and engineering community. During the next 5 years the National Aeronautics and Space Administration expects to double the number of scientists and engineers in this area, to increase its outlays for salaries and expenses to $60 million a year; to invest some $200 million in plant and laboratory facilities; and to direct or contract for new space efforts over $1 billion from this Center in this City.

To be sure, all this costs us all a good deal of money. This year' s space budget is three times what it was in January 1961, and it is greater than the space budget of the previous eight years combined. That budget now stands at $5,400 million a year—a staggering sum, though somewhat less than we pay for cigarettes and cigars every year. Space expenditures will soon rise some more, from 40 cents per person per week to more than 50 cents a week for every man, woman and child in the United Stated, for we have given this program a high national priority—even though I realize that this is in some measure an act of faith and vision, for we do not now know what benefits await us. But if I were to say, my fellow citizens, that we shall send to the moon, 240,000 miles away from the control station in Houston, a giant rocket more than 300 feet tall, the length of this football field, made of new metal alloys, some of which have not yet been invented, capable of standing heat and stresses several times more than have ever been experienced, fitted together with a precision better than the finest watch, carrying all the equipment needed for propulsion, guidance, control, communications, food and survival, on an untried mission, to an unknown celestial body, and then return it safely to earth, re-entering the atmosphere at speeds of over 25,000 miles per hour, causing heat about half that of the temperature of the sun—almost as hot as it is here today—and do all this, and do it right, and do it first before this decade is out—then we must be bold.

I'm the one who is doing all the work, so we just want you to stay cool for a minute.

However, I think we're going to do it, and I think that we must pay what needs to be paid. I don't think we ought to waste any money, but I think we ought to do the job. And this will be done in the decade of the sixties. It may be done while some of you are still here at school at this college and university. It will be done during the term of office of some of the people who sit here on this platform. But it will be done. And it will be done before the end of this decade.

I am delighted that this university is playing a part in putting a man on the moon as part of a great national effort of the United States of America.

Many years ago the great British explorer George Mallory, who was to die on Mount Everest, was asked why did he want to climb it. He said, "Because it is there."

Well, space is there, and we're going to climb it, and the moon and the planets are there, and new hopes for knowledge and peace are there. And, therefore, as we set sail we ask God's blessing on the most hazardous and dangerous and greatest adventure on which man has ever embarked.

Thank you.

得克萨斯州休斯敦，1962年9月12日

匹兹校长、副校长、州长、汤姆斯议员、威利参议员、米勒议员、韦伯先生、贝尔先生、科学家们、尊贵的来宾、女士们、先生们：

我非常感谢你们的校长授予我名誉客座教授的头衔。我向你们保证，我的第一个演讲将会很简洁。

我很高兴来到这里，特别是在这个时候来到这里。我们在这个以知识而闻名的大学相会，在这个以进步而闻名的城市相会，在这个以实力而闻名的州相会。并且我们需要这三者，因为我们处于一个变化与挑战的时期，希望与失望的10年，知识与无知并存的时代。我们获得的知识越多，我们显露出的无知也就越多。

尽管存在一个惊人的事实，世界上绝大多数科学家都在努力奋斗；尽管我国的科研力量以每12年翻一番的速率增长，超过了人口增长速率的3倍；尽管这样，未知、未解和未尽的探索仍如漫漫长路，仍然远远超出了我们所有人的理解力。

没有人知道我们能走多远，能走多快。但是，如果你愿意把人类有史以来的5万年浓缩成半个世纪的时间跨度。在这个时间跨度下，我们对于开始的40年知之甚少，除了知道在这40年的最后出现了学会用兽皮遮体的人类。在这个标准下，大约数年前人类走出洞穴建造新的家园。仅仅在5年前人类才学会了写字和使用有轮子的车辆。基督教诞生于不到2年之前。印刷出版今年才出现。在人类历史的整个50年跨度中，在最近不到两个月的时间之前，蒸汽机为我们提供了新的动力。牛顿发现了引力的意义，上个月出现了电灯、电话、汽车和飞机。仅仅在上周我们才发明了青霉素、电视与核动力。如果现在美国新的飞船能够成功抵达金星，那么我们真正算得上在今天午夜抵达别的星球了。

这是激动人心的一步。但是这样的一步在驱散旧的痛苦、无知和问题的同时，不得不创造新的痛苦、新的无知和新的问题。毫无疑问，航天事业的回报高，花费和风险也高。

因此，不难理解有些人要我们在原地止步不前继续等待。但是休斯敦市、德克萨斯州，美利坚合众国并不是由那些止步不前的人建立的。这个国家是由不断前进的人征服的，航天事业也是这样。

威廉·布拉德福德在1630年普利茅斯湾殖民地建立仪式上说，所有伟大而光荣的举动都伴随着巨大的困难，而两者都应该被有责任感的勇气所克服。

如果说这个人类进步的浓缩历史给了我们什么启示，那就是在寻求知识和进步的过程中的人类是坚定而不能被阻止的。空间探索将会继续，不论我们是否加入它。无论在什么时候，它都是一项重大的冒险，没有任何一个期望成为世界领袖的国家希望在这场空间竞赛中停步。

我们的前辈让这个国家掀起了工业革命的第一波浪潮、现代发明的第一波浪潮、核动力的第一波浪潮。而我们这一代并不希望在即将到来的太空时代的浪潮中倒下。我们要参与其中，我们要领导潮流。为了全世界注视太空、月球和其他行星的人们，我们发誓我们不会看到太空代表敌意的旗帜，而应该是代表自由与和平的旗帜。我们发誓我们不会看到太空充满了大规模杀伤性武器，而应该是充满获取知识的工具。

然而，我国的承诺只有在我国领先（因为我们想要领先）的情况下才能得以履行。简而言之，我们在科学和工业上的领导地位，我们对于和平和安全的渴望，我们对于自身和他人的责任，所有这一切要求我们做出努力，为了全人类的利益解决这些谜团，成为世界领先的航天国家。

我们踏上新的航程，为了获取新的知识，为了赢得新的权利，获取并运用权利，应该是为了全人类的进步。空间科学正如核科学以及其他技术一样，本身没有道德可言，它成为善或者恶的力量取决于人类。并且只有当美利坚合众国取得了卓越的地位，才能帮助决定这片新的领域是和平还是成为战争的威胁。我不认为我们应该对敌人滥用太空比对敌人滥用陆地和海洋更加无动于衷，但是我确实认为太空能够在非战争的目的下开发和利用，再不重复人类曾经犯过的错误的情况下开发和利用。

在太空上还没有竞争、偏见和国家冲突。太空的危险是我们所有人面对的。太空值得全人类尽最大的努力去征服，而且和平合作的机会可能不会重来。但是有些人问，为什么是月球？为什么选择登月作为我们的目标？他们也许会问为什么我们要登上最高的山。35年前，为什么要飞越大西洋？为什么赖斯大学要与德克萨斯大学比赛？

我们决定登月，我们决定在这个10年间登月，并且做其他的事，不是因为它们简单，而是因为它们困难，因为这个目标将有益于组织和分配我们的优势能力和技能，因为这个挑战是我们乐于接受的，因为这个挑战是我们不愿推迟的，因为这个挑战是我们打算赢得的，其他的挑战也是一样。

正是因为这些理由，我把去年关于提升航天计划的决定作为我在本届总统任期内最重要的决定之一。

在过去的24小时里，我们看到一些设施已经为人类历史上最复杂的探险而建立起来。我们感受到了土星C-1助推火箭试验产生的震动和冲击波，它比把约翰·伦格送入太空的大力神火箭还要强大好几倍，产生相当于10万辆汽车的功率。我们看到了5个F-1火箭发动机，每一个都相当于8个土星火箭发动机的功率，它们将会用于更先进的土星火箭，在卡纳维拉尔角即将兴建的48层大楼中组装起来。这幢建筑宽一个街区，长度超过这个体育场的两倍。

在过去的19个月中至少有45颗卫星进入了太空，其中大约40颗标着“美国制造”的标记，它们比苏联的卫星更加精密，更能为世界人民提供更多的知识。

正在飞向金星的水手号飞船是空间科学史上最复杂的装置。其精确程度比得上在卡纳维拉尔角发射的一枚火箭击中这个体育场的40码线之间。

海事卫星让海上的船只航行更安全，气象卫星给我们对于飓风和风暴空前的警告，它同样也能用于森林火灾和冰山的预警。

我们经历过失败，但是别人也经历过，即使他们不承认失败。因此它们可能不为人所知。

很显然我们落后了，并且在载人航天方面继续落后一段时间。

但是我们并不打算一直落后，在这个 10 年间我们将会迎头赶上。

我们获得的关于宇宙和环境的新知识，新的学习、绘图和观测技术，用于工业、医学和家庭的新工具和计算机，所有这些都将促进科学和教育的发展。像赖斯大学这样的技术院校将会因此而得益。

最终，尽管航天事业本身仍然处于童年，但是，它已经催生了很多公司和数以千计的工作机会。航天和其他相关工业对投资和有特殊技能的人力产生了新的需求，并且这个城市、这个州、这个地区将会极大的分享这种增长。西部曾经的旧疆域将会成为空间科学的新疆域。休斯敦，你们的休斯敦市，以及它的载人飞行器中心，将会成为一个大的科学与工程共同体的心脏。在接下来的 5 年中，宇航局期望这个地区的科学家和工程师数量加倍，期望把工资和开支提高到每年 6 千万美元，期望在工厂和实验室设施上得到 2 亿美元的投资，期望指导或与这个城市的航天中心签订超过 10 亿美元的合同。

很显然，这将会花去我们一大笔钱。今年的航天预算是 1961 年 1 月的 3 倍，比过去 8 年的总和还要多。预算现在保持在每年 54 亿美元——一个令人吃惊的数目，尽管还稍微小于我们在香烟和雪茄上的消费额。航天支出很快就会从平均每人每周 40 美分上升到 50 美分的程度，因为我们赋予了这个计划很高的国家优先权，即使我觉得它稍微有点信念与幻想的意味，因为我们不知道会有什么样的好处等待着我们。但是我说，我的同胞们，我们应该登上月球，那个距离休斯敦控制中心 24 万英里的天体。建造一个超过 300 英尺高的火箭，和这个橄榄球场的长度相同，由新的合金制成，其中一些我们还没有发明出来，能够承受数倍于以前的材料所能承受的热和压力。装配的精密程度媲美最精巧的手表，携带有用于推进、导航、控制、通讯、食品和维生的全部设备。执行一个没有先例的使命，登上那个未知的天体，然后安全的返回地球，以超过每小时 25000 英里的速度重返大气层，产生的温度大约是太阳温度的一半，就像今天这里这样热——我们要达到全部这些目标，要顺利达到这个目标，要在这个 10 年达到，因此我们必须勇于面对。

我一个人做了所有这些工作，所以我们想让你们冷静一会儿。

然而，我认为我们正在付诸实践，我们必须付出应该付出的。我不认为我们应该浪费金钱，但是我认为我们应该付诸实践。这些应该在 20 世纪 60 年代实现，它有可能在你们还在中学、这所学院和大学的时候实现，它将会在台上诸位任期之内实现。但是它应该完成，它应该在这 10 年末之前完成。

我很高兴这所大学在登月计划中扮演着一个角色，作为美利坚合众国的国家事业的一部分。

很多年之前，伟大的英国探险家乔治·马洛里（他死于攀登珠穆朗玛峰）被人问到他为什么要攀登珠穆朗玛峰。他回答说：“因为它就在那儿。”

因此，太空就在那儿，而我们将要登上它，月球和其他行星在那儿，获得知识与和平的新希望在那儿。因此，当我们启程的时候，我们祈求上帝保佑这个人类有史以来所从事的最危险和最伟大的冒险。

谢谢。

第三节 精彩语录

We meet at a college noted for knowledge, in a city noted for progress, in a State noted for strength, and we stand in need of all three, for we meet in an hour of change and challenge, in a decade of hope and fear, in an age of both knowledge and ignorance. The greater our knowledge increases, the greater our ignorance unfolds.

我们在这个以知识而闻名的大学相会，在这个以进步而闻名的城市相会，在这个以实力而闻名的州相会。并且我们需要这三者，因为我们处于一个变化与挑战的时期，希望与失望的10年，知识与无知并存的时代。我们获得的知识越多，我们显露出的无知也就越多。

No man can fully grasp how far and how fast we have come, but condense, if you will, the 50,000 years of man’s recorded history in a time span of but a half a century. Stated in these terms, we know very little about the first 40 years, except at the end of them advanced man had learned to use the skins of animals to cover them. Then about 10 years ago, under this standard, man emerged from his caves to construct other kinds of shelter. Only five years ago man learned to write and use a cart with wheels. Christianity began less than two years ago. The printing press came this year, and then less than two months ago, during this whole 50-year span of human history, the steam engine provided a new source of power. Newton explored the meaning of gravity. Last month electric lights and telephones and automobiles and airplanes became available. Only last week did we develop penicillin and television and nuclear power, and now if America's new spacecraft succeeds in reaching Venus, we will have literally reached the stars before midnight tonight.

没有人知道我们能走多远，能走多快。但是，如果你愿意把人类有史以来的5万年浓缩成半个世纪的时间跨度。在这个时间跨度下，我们对于开始的40年知之甚少，除了知道在这40年的最后出现了学会用兽皮遮体的人类。在这个标准下，大约数年前人类走出洞穴建造新的家园。仅仅在5年前人类才学会了写字和使用有轮子的车辆。基督教诞生于不到2年之前。印刷出版今年才出现。在人类历史的整个50年跨度中，在最近不到两个月的时间之前，蒸汽机为我们提供了新的动力。牛顿发现了引力的意义，上个月出现了电灯、电话、汽车和飞机。仅仅在上周我们才发明了青霉素、电视与核动力。如果现在美国新的飞船能够成功抵达金星，那么我们真正算得上在今天午夜抵达别的星球了。

This is a breathtaking pace, and such a pace cannot help but create new ills as it dispels old, new ignorance, new problems, new dangers. Surely the opening vistas of space promise high costs and hardships, as well as high reward.

这是激动人心的一步。但是这样的一步在驱散旧的痛苦、无知和问题的同时，不得不创造新的痛苦、新的无知和新的问题。毫无疑问，航天事业的回报高，花费和风险也高。

All great and honorable actions are accompanied with great difficulties, and both must be enterprised and overcome with answerable courage.

所有伟大而光荣的举动都伴随着巨大的困难，而两者都应该被有责任感的勇气所克服。

Man in his quest for knowledge and progress, is determined and cannot be deterred. The exploration of space will go ahead, whether we join in it or not, and it is one of the great adventures of all time, and no nation which expects to be the leader of other nations can expect to stay behind in the race for space.

在寻求知识和进步的过程中的人类是坚定而不能被阻止的。空间探索将会继续，不论我们是否加入它。无论在什么时候，它都是一项重大的冒险，没有任何一个期望成为世界领袖的国家希望在这场空间竞赛中停步。

Many years ago the great British explorer George Mallory, who

was to die on Mount Everest, was asked why did he want to climb it. He said, "Because it is there."

很多年之前，伟大的英国探险家乔治・马洛里（他死于攀登珠穆朗玛峰）被人问到他为什么要攀登珠穆朗玛峰。他回答说："因为它就在哪儿。"

Space is there, and we're going to climb it, and the moon and the planets are there, and new hopes for knowledge and peace are there. And, therefore, as we set sail we ask God's blessing on the most hazardous and dangerous and greatest adventure on which man has ever embarked.

因此，太空就在那儿，而我们将要登上它，月球和其他行星在那儿，获得知识与和平的新希望在那儿。因此，当我们启程的时候，我们祈求上帝保佑这个人类有史以来所从事的最危险和最伟大的冒险。

第七章

缔造一个和平的世界

第一节 背景介绍

随着国际形势的变化，美国不仅没有解放社会主义国家，自己反深深陷入越南战争，消耗了大量人力物力财力，加之西欧经济力量的恢复和发展，摆脱美国的独立倾向加强，以美国为首的西方世界出现分裂。与此同时，虽然国际共产主义运动动荡不定，原来意义上的社会主义阵营发生变化，但苏联趁美国深陷越南之机推行全球争霸战略，扩大了势力范围，使美苏的实力对比发生了明显变化。在这种形势下肯尼迪的“和平战略”应运而生。

约翰·肯尼迪处理外交事务的方式同他处理国内问题的方式截然不同。他在就任初期曾说过：“一个议案遭到失败和国家遭到毁灭这两者之间是有重大差别的。”外交事务一贯远比国内事务让他感兴趣，作为总统他在外交事务上所花费的时间和精力也要多得多。在了解外交事务的细节、拟订可供选择的办法，以及从提出到执行一项议案的过程等方面，总统倾注的注意力也要多得多。外交事务远为严峻地考验了他的判断能力和执行能力，因为比较起来外交事务简直不大着重制订预算和立法计划方面的事，可是对无法预料和无法控制的事件需要作出反应的情况却多得多。

作为总统，他试图使自己和自己的国家跟得上所有新的发展：空间探索、共同市场、新兴国家、科学革命以及共产党国家集团内部的紧张关系。他坚持要作出仔细的区别，而不能只看到它们表面上相似就一概而论。例如，对待不同类型的共产党国家，或者处于不同发展阶段的各个拉美国家。他认为在老挝和越南问题上还没有正确的答案，只存在着待处理的问题，而不是待解决的问题。

1961 年秋季在华盛顿大学发表的一篇著名演说中，他讲话的调子已经远不像十二个月前当候选人时那样热情洋溢了："我们必须面对这样的事实：美国既不是无所不能的，也不是无所不知的。我们不能把我们的意志强加于其余 94% 的人类，我们不能矫正每一个错误，也不能扭转每一种逆境，因此美国不能解决世界上的所有问题。"

他认为最重要的是需要保持作出选择的能力。这不是在赤化或死亡之间，也不是在大屠杀或屈辱之间，而是在发生侵略时从各种军事方案中进行选择，在运用外交手段方面选择时机和策略，以及在每一次交错着防务和外交问题的危机中选择一种稳妥的处理办法。他的这种态度在他爱用的一些对偶词句中得到了反映。

我们决不要由于恐惧而谈判，但是也决不要对于谈判感到恐惧。

——1961 年就职演说

在总统的盾形纹章上，美国之鹰的右爪抓着一根橄榄枝，左爪则抓着一束箭。我们打算对两者都给予同样的重视。

——1961 年第一篇国情咨文

我们的政策必须把坚定性和灵活性结合起来，使之达到为保护我们的重大利益所必要的程度，假如可能，便通过和平的手段，假如必要，则通过坚决的行动。……我们既然不想看到自由世界认输投降，我们就应竭尽全力以防止世界遭到毁灭。

——1961 年在北卡罗来纳大学

我们如果要维持和平，就必须勇敢地面对战争的危险。……外交和国防是不能相互替代的。……有抵抗暴力的意愿，而没有谈判的意愿，只会引起战争。有谈判的意愿，而没有抵抗暴力的意愿，只会招致灾难。……我们虽然自由地进行谈判，但我们决不拿自由作交易。……总之，我们既不是战争贩子，也不是绥靖主义者。既不强硬，也不软弱。我们是美国人。

——1961 年在华盛顿大学

这种处事态度使那些习惯于只会按非白即黑的思想方法去考虑问题的人感到不悦或迷惑不解。一位编年史作者指责肯尼迪煽动冷战，另一位则说他闭眼看不见共产主义的威胁。有一个批评他的人说他的就职演说和第一份国情咨文是危言耸听，另一个则说它幼稚无知。有两个记者曾就外交政策问题访问了他一个小时，后来他们核对了各自的记录后发现，一个认为他相当强硬寸步不让，另一个却认为他颇希望达成协议。还有些人把他八面玲珑的态度归因于他想取悦每一个人，归因于他的妥协倾向，或顾问太多。一位专栏作家向他提出："你不能既当张伯伦，又当丘吉尔。"一位教会发言人对肯尼迪努力搞裁军感到高兴，但对他强调国防却感到不快，于是劝告他："不要同时去做两件截然相反的事情。"对此，肯尼迪以心脏有规律的张缩作比方回答道："生活中的一切事物都同心脏一样有收缩，也有舒张。"

约翰·肯尼迪无论是和父亲一起在英格兰，还是同海军士兵们一起在南太平洋上，以及在为他的哥哥和妹夫举行的追悼会上，或是作为国会议员出访亚洲和中东时，都看到过常规战争的丑恶一面。但是核战争却是无法用相同的尺度去衡量的。他说："由于科学的创新以及人类不能控制彼此的关系，我们恰巧生活在人类历史上最危险的时期。……世界上通过武装冲突解决国际问题的时代早已过去。"

他非常敏锐地觉察到，处在一个美国和它的主要敌手都能在几分钟内摧毁对方社会的世界上，统治国家的责任何等重大。他说："这一点使问题的性质改变了。它改变了所有的答案和所有的问题，我认为许多人并不真正懂得这个变化。……到了那一天，发生了大规模的交锋，那么末日就来临了，因为你们在谈论的是在头十八小时里将有一亿五千万人死于非命。这相当于美国在不到一天的时间里经历了五百场第二次世界大战。"

约翰·肯尼迪并没有因为这些死亡数字而感到烦扰，他常常公开引用这些数字。这些数字也没有使他惊惶失措或丧失意志，为了防止在核讹诈面前战败，他仍然愿意冒一场核战争的风险。在这种风险面前，他既不畏缩后退，也不铤而走险。在维也纳同赫鲁晓夫会谈之后，他听取了一次绝密的关于核交锋种种后果的情况汇报，这一事实曾被人大肆宣传。其实这次汇报是例行公事。

他批评杜勒斯的解放战略流于空话，主张强化“和平演变”的具体措施。他抛弃了“解放”战略中过时的东西，发展了其中“和平演变”的思想，“和平”战略是冷战时期“和平演变”战略的深化。

他在哈佛大学求学时曾选修过研究第一次世界大战起因的课程。他说，这门课使他认识到，那些不相干的国家多么迅速地在几天的时间里就被卷入了战事。这些国家的领袖就像现在他们的继任人这样，也谈论着军事力量能维护和平，但是单靠军事力量却没有能维持住。1963 年，他援引了 1914 年两个德国领导人就那次大战的起因及其扩大的谈话，一位前首相问道：“这一切怎么会发生的？”他的继任者说：“唉，如果知道就好了。”肯尼迪总统说：“如果这个星球受到核战争的毁坏，如果那场浩劫的生还者能经受住大火、毒气、混乱和灾难而幸存下来的话，我可不希望这些生还者中有人会问另一个道：‘这一切怎么会发生的。’并得到这种难以置信的答复：‘唉，如果知道就好了。’”

他还思考过第二次世界大战的根源，并且很钦佩英国史学家 A.J.P. 泰勒的著作。肯尼迪说，希特勒以为他能夺取波兰，英国不会作战或者在波兰战败后，不会继续战斗。他又说，后来在朝鲜，北朝鲜人显然没有想到我们会参战，而当我们打到北部时我们也没有想到中国人会介入。

因此，在柏林危机时他对全国说：“在我的一生中，我国和欧洲三次卷入了大战，每一次双方对对方的意图都作了严重错误的判断，从而带来了巨大的灾难。现在到了热核时代，任何一方对于另一方意图的错误判断，都可能在几小时内造成比人类历史上全部战争更为严重的破坏。”

批评他的人指责这种讲法是奉行不求胜利的政策。然而，肯尼迪认为“无条件投降”和“没有代替胜利的结局”之类的传统口号不再有任何意义了。他说：“在核时代，彻底解决问题是不可能的。”他甚至认为，冷战就其传统的意义来说也不可能获胜。他并不希望在冷战中战败。他只希望加以抑制，让它持续地进行下去，使之有可能让自由和真理的持久力量自然地、和平地取得成功，并防止冷战吞噬掉美国所有的精力，从而损害到其他利益。他说：“用不着打一场核战争，我们想让当今仍为共产党国家所控制的地区感染上托马斯·杰斐逊称之为‘自由病’的那种疾病。”

他认为同共产党国家进行的意识形态斗争，或者经济、科学和政治方面的竞争，在短期内不会结束。他说，这种竞争不会导致我们美国人民在自己的传统薰陶下期待的那种驰名于世的胜利，充其量也不过导致一个漫长而又缓慢地脱离共产主义，走向国家独立和自由的演变过程。……但是假如自由和共产主义在一个和平的世界上争取人们的忠诚的话，那么我将怀着日益增长的信心展望未来。

肯尼迪的“和平”战略主要包括如下内容。

肯尼迪说，“在总统的徽章上，美国之鹰的右手抓着一根橄榄枝，左手则抓着一把剑。我们打算给两者同样的注意。”一方面他强调发展军事力量，加强空运能力，扩大北极星潜艇计划，加速导弹计划；另一方面采取和平的手段，利用美国的“经济工具”，以援助的办法实行“粮食用于和平计划”、派遣“和平队”、开展“攀亲戚运动”等，达到对社会主义国家和民族解放国家的控制。

调整全球战略，把“和平演变”的重点放到东欧。“和平”战略的主要方面是从与苏联对全球的争夺出发，重点争夺东欧。由于美苏实力对比的变化，美国处于不利地位，肯尼迪提出制定“灵活反映”战略，以加强军事实力为基础稳住美国阵脚，增强同苏联的全面争夺，特别是对东欧的争夺，通过“和平演变”把东欧国家纳入“自由世界”的范围。肯尼迪指出，“必须立刻动手，有步骤地、慎重地制订计划”“从出现在铁幕上的任何裂缝中培养自由的种子”“通过援助、贸易、旅行、新闻事业、学生和教师的交流以及我们的奖金和技术”去提高东欧国家和人民生活水平，积极关怀他们而不是漠不关心。

肯尼迪的“和平”战略正是建立在这种论断基础上的，他说，“共产主义世界面临着本身内部的深刻分裂”“这些分裂已经粉碎了共产主义是一种保险，能消除一切社会和国际冲突的全球制度的形象”。

从就职之日起，肯尼迪就不把共产党人称为“我们的敌人”，而称为“那些使自己成为我们对手的人”。他说，西奥多·罗斯福的名言：“说话温和但手执大棒”是我们大家奉行的一条很好的准则。“我的言论只需要表达信念，不需要带来战争。”1963年在达拉斯准备发表的演说稿中他写道：“如果我们强大，我们的实力就是最有说服力的言论。如果我们软弱，我们的言论也毫无帮助。”

1963年，他在美利坚大学的演说——由古巴导弹危机中所显示出的实力作为后盾，向共产主义制度伸出了橄榄枝。他说："我们认为共产主义非常令人嫌恶，因为它否定了个人的自由和尊严。但我们仍旧可以为俄国人民所取得的许多成就向他们欢呼祝贺。即使一个国家的政府或社会制度极其邪恶，也不应就此认为它的人民缺乏美德。世界和平并不要求每个人都爱他的邻居，只不过要求他们在相互容忍的情况下共同生存，使他们之间的争端得到公正与和平的解决。"

1961年，他对《消息报》编辑的讲话更为大胆："如果各种观点都有机会公平地表达之后，有哪一国的人民通过自由选举决定实行共产主义制度，那么美国将会接受这种局面。我们所反对的是一个小小的好战集团采用颠覆手段强制实行一种制度。如果苏联仅仅寻求维护它自己的国家安全，并允许其他国家按照各自的意愿生存，那我相信当今引起种种紧张局势的那些问题就会迎刃而解了。"

就西方的防御和外交能够影响共产党国家政策的演变而言，他希望要防止共产党国家政策的支配力量出现在北京而不是出现在莫斯科，要防止这种政策由斯大林的追随者而不是由赫鲁晓夫的追随者去制订，要防止这种政策谋求向外扩张而不是向内扩张。他知道莫斯科同北京一样，也相信共产主义将在世界范围获胜，而且可以预料赫鲁晓夫同斯大林一样，也会利用一切正当与不正当的手段去实现这种野心。但他希望美国和盟国的力量和政策能说服莫斯科和赫鲁晓夫懂得，安全地或廉价地通向主宰世界的道路是不存在的，所有的渠道都为进行真诚的谈判而敞开，引起苏联担心的任何理由都可以和平地消除，使莫斯科把更多的精力花在国内，从而增进双方的利益和安全。

肯尼迪认为，把共产主义世界带进我们所寻求的多样化的自由化世界中来，最好的办法是美国同苏联进行的和平竞赛。他不主张被动地依靠时间来解决问题，而且必须修正“解放”战略，把注意力集中在一种比较实际、能够实现的和平上，这种和平不是依靠人的天性的突然改变，而是依靠制度的逐步演变。就是说使东欧社会主义国家脱离苏联，设法削弱这些国家对苏联“经济和意识形态的依附”。总之，肯尼迪的“和平”战略为美国的全球战略增添了新的内容，使和平演变战略发展到一个新的具体实施的阶段。

第二节 肯尼迪于1963年在美国大学毕业典礼上的演讲

delivered 10 June 1963

President Anderson, members of the faculty, board of trustees, distinguished guests, my old colleague, Senator Bob Byrd, who has earned his degree through many years of attending night law school, while I am earning mine in the next 30 minutes, distinguished guests, ladies and gentlemen:

It is with great pride that I participate in this ceremony of the American University, sponsored by the Methodist Church, founded by Bishop John Fletcher Hurst, and first opened by President Woodrow Wilson in 1914. This is a young and growing university, but it has already fulfilled Bishop Hurst's enlightened hope for the study of history and public affairs in a city devoted to the making of history and to the conduct of the public's business. By sponsoring this institution of higher learning for all who wish to learn, whatever their color or their creed, the Methodists of this area and the Nation deserve the Nation's thanks, and I commend all those who are today graduating.

Professor Woodrow Wilson once said that every man sent out from a university should be a man of his nation as well as a man of his time, and I am confident that the men and women who carry the honor of graduating from this institution will continue to give from their lives, from their talents, a high measure of public service and public support.

"There are few earthly things more beautiful than a university," wrote John Masefield in his tribute to English universities—and his words are equally true today. He did not refer to towers or to campuses. He admired the splendid beauty of a university, because it was, he said, "a place where those who hate ignorance may strive to know, where those who perceive truth may strive to make others see."

I have, therefore, chosen this time and place to discuss a topic on which ignorance too often abounds and the truth too rarely perceived. And that is the most important topic on earth: peace.

What kind of peace do I mean and what kind of a peace do we seek? Not a Pax Americana enforced on the world by American weapons of war. Not the peace of the grave or the security of the slave. I am talking about genuine peace, the kind of peace that makes life on earth worth living, and the kind that enables men and nations to grow, and to hope, and build a better life for their children—not merely peace for Americans but peace for all men and women, not merely peace in our time but peace in all time.

I speak of peace because of the new face of war. Total war makes no sense in an age where great powers can maintain large and relatively invulnerable nuclear forces and refuse to surrender without resort to those forces. It makes no sense in an age where a single nuclear weapon contains almost ten times the explosive force delivered by all the allied air forces in the Second World War. It makes no sense in an age when the deadly poisons produced by a nuclear exchange would be carried by wind and water and soil and seed to the far corners of the globe and to generations yet unborn.

Today the expenditure of billions of dollars every year on weapons acquired for the purpose of making sure we never need them is essential to the keeping of peace. But surely the acquisition of such idle stockpiles—which can only destroy and never create—is not the only, much less the most efficient, means of assuring peace.

I speak of peace, therefore, as the necessary, rational end of rational men. I realize the pursuit of peace is not as dramatic as the pursuit of war, and frequently the words of the pursuers fall on deaf ears. But we have no more urgent task.

Some say that it is useless to speak of peace or world law or world disarmament, and that it will be useless until the leaders of the Soviet Union adopt a more enlightened attitude. I hope they do. I believe we can help them do it. But I also believe that we must reexamine our own attitudes, as individuals and as a Nation, for our attitude is as essential as theirs. And every graduate of this school, every thoughtful citizen who despairs of war and wishes to bring peace, should begin by looking inward, by examining his own attitude towards the possibilities of peace, towards the Soviet Union, towards the course of the cold war and towards freedom and peace here at home.

First examine our attitude towards peace itself. Too many of us think it is impossible. Too many think it is unreal. But that is a dangerous, defeatist belief. It leads to the conclusion that war is inevitable, that mankind is doomed, that we are gripped by forces we cannot control.

We need not accept that view. Our problems are manmade; therefore, they can be solved by man. And man can be as big as he wants. No problem of human destiny is beyond human beings. Man's reason and spirit have often solved the seemingly unsolvable, and we believe they can do it again.

I am not referring to the absolute, infinite concept of universal peace and good will of which some fantasies and fanatics dream. I do not deny the value of hopes and dreams but we merely invite discouragement and incredulity by making that our only and immediate goal.

Let us focus instead on a more practical, more attainable peace, based not on a sudden revolution in human nature but on a gradual evolution in human institutions—on a series of concrete actions and effective agreements which are in the interest of all concerned. There is no single, simple key to this peace; no grand or magic formula to be adopted by one or two powers. Genuine peace must be the product of many nations, the sum of many acts. It must be dynamic, not static, changing to meet the challenge of each new generation. For peace is a process—a way of solving problems.

With such a peace, there will still be quarrels and conflicting interests, as there are within families and nations. World peace, like community peace, does not require that each man love his neighbor, it requires only that they live together in mutual tolerance, submitting their disputes to a just and peaceful settlement. And history teaches us that enmities between nations, as between individuals, do not last forever. However fixed our likes and dislikes may seem, the tide of time and events will often bring surprising changes in the relations between nations and neighbors. So let us persevere. Peace need not be impracticable, and war need not be inevitable. By defining our goal more clearly, by making it seem more manageable and less remote, we can help all people to see it, to draw hope from it, and to move irresistibly towards it.

And second, let us reexamine our attitude towards the Soviet Union. It is discouraging to think that their leaders may actually believe what their propagandists write. It is discouraging to read a recent, authoritative Soviet text on military strategy and find, on page after page, wholly baseless and incredible claims, such as the allegation that American imperialist circles are preparing to unleash different types of war, that there is a very real threat of a preventive war being unleashed by American imperialists against the Soviet Union, and that the political aims—and I quote—"of the American imperialists are to enslave economically and politically the European and other capitalist countries and to achieve world domination by means of aggressive war."

Truly, as it was written long ago: "The wicked flee when no man pursueth."

Yet it is sad to read these Soviet statements, to realize the extent of the gulf between us. But it is also a warning, a warning to the American people not to fall into the same trap as the Soviets, not to see only a distorted and desperate view of the other side, not to see conflict as inevitable, accommodation as impossible, and communication as nothing more than an exchange of threats.

No government or social system is so evil that its people must be considered as lacking in virtue. As Americans, we find communism profoundly repugnant as a negation of personal freedom and dignity. But we can still hail the Russian people for their many achievements in science and space, in economic and industrial growth, in culture, in acts of courage.

Among the many traits the peoples of our two countries have in common, none is stronger than our mutual abhorrence of war. Almost unique among the major world powers, we have never been at war with each other. And no nation in the history of battle ever suffered more than the Soviet Union in the Second World War. At least 20 million lost their lives. Countless millions of homes and families were burned or sacked. A third of the nation's territory, including two thirds of its industrial base, was turned into a wasteland—a loss equivalent to the destruction of this country east of Chicago.

Today, should total war ever break out again—no matter

how—our two countries will be the primary target. It is an ironic but accurate fact that the two strongest powers are the two in the most danger of devastation. All we have built, all we have worked for, would be destroyed in the first 24 hours. And even in the cold war, which brings burdens and dangers to so many countries, including this Nation's closest allies, our two countries bear the heaviest burdens. For we are both devoting massive sums of money to weapons that could be better devoted to combat ignorance, poverty, and disease. We are both caught up in a vicious and dangerous cycle, with suspicion on one side breeding suspicion on the other, and new weapons begetting counter-weapons.

In short, both the United States and its allies, and the Soviet Union and its allies, have a mutually deep interest in a just and genuine peace and in halting the arms race. Agreements to this end are in the interests of the Soviet Union as well as ours. And even the most hostile nations can be relied upon to accept and keep those treaty obligations, and only those treaty obligations, which are in their own interest.

So let us not be blind to our differences, but let us also direct attention to our common interests and the means by which those differences can be resolved. And if we cannot end now our differences, at least we can help make the world safe for diversity. For in the final analysis, our most basic common link is that we all inhabit this small planet. We all breathe the same air. We all cherish our children's futures. And we are all mortal.

Third, let us reexamine our attitude towards the cold war,

remembering we're not engaged in a debate, seeking to pile up debating points. We are not here distributing blame or pointing the finger of judgment. We must deal with the world as it is, and not as it might have been had the history of the last 18 years been different.

We must, therefore, persevere in the search for peace in the hope that constructive changes within the Communist bloc might bring within reach solutions which now seem beyond us. We must conduct our affairs in such a way that it becomes in the Communists' interest to agree on a genuine peace. And above all, while defending our own vital interests, nuclear powers must avert those confrontations which bring an adversary to a choice of either a humiliating retreat or a nuclear war. To adopt that kind of course in the nuclear age would be evidence only of the bankruptcy of our policy—or of a collective death-wish for the world.

To secure these ends, America's weapons are nonprovocative, carefully controlled, designed to deter, and capable of selective use. Our military forces are committed to peace and disciplined in self-restraint. Our diplomats are instructed to avoid unnecessary irritants and purely rhetorical hostility.

For we can seek a relaxation of tensions without relaxing our guard. And, for our part, we do not need to use threats to prove we are resolute. We do not need to jam foreign broadcasts out of fear our faith will be eroded. We are unwilling to impose our system on any unwilling people, but we are willing and able to engage in peaceful competition with any people on earth.

Meanwhile, we seek to strengthen the United Nations, to help solve its financial problems, to make it a more effective instrument for peace, to develop it into a genuine world security system—a system capable of resolving disputes on the basis of law, of insuring the security of the large and the small, and of creating conditions under which arms can finally be abolished.

At the same time we seek to keep peace inside the non-Communist world, where many nations, all of them our friends, are divided over issues which weaken Western unity, which invite Communist intervention, or which threaten to erupt into war. Our efforts in West New Guinea, in the Congo, in the Middle East, and the Indian subcontinent, have been persistent and patient despite criticism from both sides. We have also tried to set an example for others, by seeking to adjust small but significant differences with our own closest neighbors in Mexico and Canada.

Speaking of other nations, I wish to make one point clear. We are bound to many nations by alliances. Those alliances exist because our concern and theirs substantially overlap. Our commitment to defend Western Europe and West Berlin, for example, stands undiminished because of the identity of our vital interests. The United States will make no deal with the Soviet Union at the expense of other nations and other peoples, not merely because they are our partners, but also because their interests and ours converge. Our interests converge, however, not only in defending the frontiers of freedom, but in pursuing the paths of peace.

It is our hope, and the purpose of allied policy, to convince the Soviet Union that she, too, should let each nation choose its own future, so long as that choice does not interfere with the choices of others. The Communist drive to impose their political and economic system on others is the primary cause of world tension today. For there can be no doubt that if all nations could refrain from interfering in the self-determination of others, the peace would be much more assured.

This will require a new effort to achieve world law, a new context for world discussions. It will require increased understanding between the Soviets and ourselves. And increased understanding will require increased contact and communication. One step in this direction is the proposed arrangement for a direct line between Moscow and Washington, to avoid on each side the dangerous delays, misunderstandings, and misreadings of others' actions which might occur at a time of crisis.

We have also been talking in Geneva about our first-step measures of arm[s] controls designed to limit the intensity of the arms race and reduce the risk of accidental war. Our primary long range interest in Geneva, however, is general and complete disarmament, designed to take place by stages, permitting parallel political developments to build the new institutions of peace which would take the place of arms. The pursuit of disarmament has been an effort of this Government since the 1920's. It has been urgently sought by the past three administrations. And however dim the prospects are today, we intend to continue this effort—to continue it in order that all countries, including our own, can better grasp what the problems and possibilities of disarmament are.

The only major area of these negotiations where the end is in sight, yet where a fresh start is badly needed, is in a treaty to outlaw nuclear tests. The conclusion of such a treaty, so near and yet so far, would check the spiraling arms race in one of its most dangerous areas. It would place the nuclear powers in a position to deal more effectively with one of the greatest hazards which man faces in 1963, the further spread of nuclear arms. It would increase our security; it would decrease the prospects of war. Surely this goal is sufficiently important to require our steady pursuit, yielding neither to the temptation to give up the whole effort nor the temptation to give up our insistence on vital and responsible safeguards.

I'm taking this opportunity, therefore, to announce two important decisions in this regard.

First, Chairman Khrushchev, Prime Minister Macmillan, and I have agreed that high-level discussions will shortly begin in Moscow looking towards early agreement on a comprehensive test ban treaty. Our hope must be tempered—Our hopes must be tempered with the caution of history; but with our hopes go the hopes of all mankind.

Second, to make clear our good faith and solemn convictions on this matter, I now declare that the United States does not propose to conduct nuclear tests in the atmosphere so long as other states do not do so. We will not—We will not be the first to resume. Such a declaration is no substitute for a formal binding treaty, but I hope it will help us achieve one. Nor would such a treaty be a substitute for disarmament, but I hope it will help us achieve it.

Finally, my fellow Americans, let us examine our attitude towards peace and freedom here at home. The quality and spirit of our own society must justify and support our efforts abroad. We must show it in the dedication of our own lives—as many of you who are graduating today will have an opportunity to do, by serving without pay in the Peace Corps abroad or in the proposed National Service Corps here at home.

But wherever we are, we must all, in our daily lives, live up to the age-old faith that peace and freedom walk together.In too many of our cities today, the peace is not secure because freedom is incomplete.

It is the responsibility of the executive branch at all levels of government—local, State, and National—to provide and protect that freedom for all of our citizens by all means within our authority.It is the responsibility of the legislative branch at all levels, wherever the authority is not now adequate, to make it adequate. And it is the responsibility of all citizens in all sections of this country to respect the rights of others and respect the law of the land.

All this—All this is not unrelated to world peace. "When a man's way please the Lord," the Scriptures tell us, "He maketh even his enemies to be at peace with him." And is not peace, in the last analysis, basically a matter of human rights: the right to live out our lives without fear of devastation; the right to breathe air as nature provided it; the right of future generations to a healthy existence?

While we proceed to safeguard our national interests, let us also safeguard human interests. And the elimination of war and arms is clearly in the interest of both. No treaty, however much it may be to the advantage of all, however tightly it may be worded, can provide absolute security against the risks of deception and evasion. But it can, if it is sufficiently effective in its enforcement, and it is sufficiently in the interests of its signers, offer far more security and far fewer risks than an unabated, uncontrolled, unpredictable arms race.

The United States, as the world knows, will never start a war. We do not want a war. We do not now expect a war. This generation of Americans has already had enough—more than enough—of war and hate and oppression.

We shall be prepared if others wish it. We shall be alert to try to stop it. But we shall also do our part to build a world of peace where the weak are safe and the strong are just. We are not helpless before that task or hopeless of its success. Confident and unafraid, we must labor on—not towards a strategy of annihilation but towards a strategy of peace.

1963年6月10日

安德森校长、员工们、董事会、我的老同事鲍勃·伯德参议员（伯德参议员上了多年法律夜校才取得学位，而我将在随后的30分钟取得学位）、贵宾们、女士们、先生们：

我为出席这次典礼而感到非常自豪。美国大学是卫理公会赞助、约翰·弗莱彻·赫斯特主教创办、伍德罗·威尔逊总统于 1914 年揭幕的学校。这是一所正在成长的年轻大学，却已经实现了赫斯特主教的开明夙愿，即在致力于创造历史和处理公共事务的城市研究历史和公共事务。本地和全国的卫理公会派信徒们为所有有志学习者赞助了这所高等学府，不论其肤色和信仰，他们为此应当得到国家的感谢。我向今天毕业的全体学生表示祝贺。

伍德罗·威尔逊教授曾经说过，大学送出的每个人都应当是国家的人，也应当是其时代的人。我相信，从这所学府光荣毕业的男生和女生会继续奉献其年华和才智，努力服务和扶助大众。

约翰·梅斯菲尔德在其对英国大学的赞美之辞中写道："尘世间很少有事物能与大学媲美。"他的话在今天同样千真万确。他指的不是高耸的塔尖和雄伟的大厦，也不是绿树成荫的校园和攀满藤蔓的墙壁。他说，他赞赏大学的辉煌之美是因为"在这里，憎恨无知者可孜孜求学，谙悉真理者可解惑于人"。

因此，我选择此时此地来讨论一个话题。关于此话题，常常是无知者多而识真理者寡，但这恰恰是世上最重要的话题，这就是世界和平。

那么我指的是哪种和平呢？我们寻求的是哪种和平呢？不是靠美国战争武器强加给世界的美式和平，也不是坟墓般的平静或奴隶式的安全。我所说的是名副其实的和平，是那种使世人生活有意义的和平，是那种让人类和国家能够兴旺发达和充满希望并且能够为其子孙创造更美好生活的和平。这不仅是美国人的和平，而是全人类的和平；不仅是我们这个时代的和平，而是永世的和平。

我之所以谈到和平，是因为战争有了新面孔。在当今时代，全面战争毫无意义，因为世界强国能够保有庞大且相对牢不可破的核力量，并且拒绝对投降者诉诸核力量。因为一件核武器的爆炸力几乎10倍于二战期间所有盟国空军所投放的爆炸力。因为核交战产生的致命毒素会通过风、水、土壤和种子传播到世界每个角落，传给尚未出生的世世代代。

今天，我们每年要在武器上花费数十亿美元，而这恰恰是为了确保我们永远不需要使用武器，这对于保卫和平是必要的。但肯定的是，采购这种只会毁灭不会创造的闲置军备不是保障和平的唯一手段，更不是最有效的手段。

因此，我是将和平作为每一个理性的人所必需的理性终极目标来谈论。我知道追求和平没有追求战争那么引人注目，况且追求和平者之词常常被当成耳旁风。但这是我们紧迫无比的任务。

有人说，谈论世界和平、世界法或世界裁军毫无用处，除非苏联领导人采取更为开明的态度。但愿他们这样做。我认为我们可以帮助他们这样做。但我还认为，我们作为个人和作为一个国家，必须检讨自己的态度，因为我们的态度与他们的态度同样至关重要。本校的每位毕业生，每位对战争失望而希望实现和平的深思熟虑的公民，都应当从自省做起，都应当从检讨自己的态度做起，检讨自己对和平的可能性、对苏联、对冷战路线以及对本国之自由与和平的态度。

第一，我们要检讨自己对和平本身的态度。我们当中有很多人认为和平是不可能的。很多人认为这是不现实的。然而，这是一种危险的失败主义观念。这种观念得出的结论是，战争不可避免，人类在劫难逃，我们受制于我们无法控制的力量。

我们并非一定要接受这种观点。我们的问题是人造成的，因此可以由人来解决。而人的心有多大，其能力就有多大。涉及人类命运的问题无一超出人类的能力。人的理性和精神经常使貌似无解的问题得到解决，我们相信人的理性和精神可以再次奏效。

我指的不是某些幻想家和狂热派所梦想的那种绝对的、无限的和平与亲善的概念。我不否认希望与梦想的价值，但是，我们如果将其作为唯一的近期目标，则只会导致气馁和疑虑。

我们要将精力转而投向一种更实际、更可能实现的和平，这种和平的实现不是依靠人类本性的突然巨变，而是依靠人类习惯的逐渐演化，是依靠符合有关各方利益的一系列具体行动和有效协定。不存在可实现这种和平的简单的不二之法，也没有可供一两个强国采纳的万全之策或万灵之策。真正的和平必须是多国合作和多方行动的产物，必须有动态而非静态的变革才能应对一代又一代的挑战，因为和平是一个过程，是一条解决问题之路。

即使有了这种和平，也依然会存在争执和利益冲突，正如家庭和国家内部存在争执和利益冲突。世界和平犹如社区和平，并不要求人人都爱自己的邻居，而只是要求大家相互包容地同处在一起，将其分歧诉诸于公正而平和的解决方案。历史告诉我们，国与国之仇和人与人之怨一样，不会永世长存。无论我们的好恶看似多么根深蒂固，国间关系与邻里关系往往都会在时间与事件大潮的冲击下发生惊人的变化。所以，我们要坚持不懈。和平不一定不切实际，战争不一定不可避免。只要更明确地确定我们的最终目标，只要让我们的最终目标看起来更切实可行而非那么遥不可及，我们就能够帮助所有人看清这个目标，让他们寄希望于这个目标并且义无反顾地向这个目标迈进。

第二，我们要检讨自己对苏联的态度。如果想到苏联领导人可能确实相信其宣传者之言，就会让人心灰意冷。如果阅读苏联官方最近发表的一篇关于军事战略的文章，也会让人心灰意冷，因为该文章通篇充斥着毫无根据的荒诞主张。例如，该文章声称“美国帝国主义阵营正在筹划发动各种类型的战争……非常现实的威胁是美国帝国主义者正在发动一场针对苏联的先发制人的战争……美国帝国主义者的政治目的是用侵略战争的手段在经济和政治上奴役欧洲及其他资本主义国家，进而统治全世界……。”

诚然，如古言云，“恶人虽无人追赶也逃跑”。

然而，阅读苏联人的这些陈述，从而看到美苏之间的鸿沟，不免让人神伤。但这也是一种警告，警告美国人民不要像苏联人一样落入陷阱，不要只看到对方那种扭曲的激烈观点，不要以为冲突不可避免而和解不能实现，不要以为交往只不过是互相威胁。

没有哪国政府或哪种社会制度邪恶到我们必须将其人民看成一无是处。作为美国人，我们对共产主义深恶痛绝，将其看成是对个人自由与尊严的否定。但我们仍然可以为苏联人民在许多方面的成就喝彩，为他们在科学与太空技术、经济与工业增长、文化以及敢作敢为诸方面所取得的成就喝彩。

在我们两国人民的诸多共性当中，最显著的莫过于我们对战争的共同憎恶。我们两国从未交战，这在世界各强国当中几乎当属绝无仅有。而在战争的历史中，没有哪个国家曾经遭受过比苏联在第二次世界大战中所遭受的更为深重的苦难——至少有两千万人失去了生命；数不尽的家庭和农场惨遭焚毁或洗劫；三分之一国土（包括近三分之二工业基地）化成了废墟，其损失相当于我国芝加哥以东的全部国土遭到毁灭。

今天，假如全面战争再次暴发，无论是以何种方式暴发，我们两国都将成为首要目标。面临最严重灭顶危险的恰恰是这两个最强大的国家，这是具有讽刺意味却又千真万确的事实。不出 24 小时，我们所建造的一切，我们为之辛勤劳作的一切都会毁之殆尽。即便是冷战，也给包括我国最亲密盟国在内的诸多国家造成负担和危险，而我们两国则承受着最沉重的负担，因为我们都在为置备武器而投入巨额资金，而这些资金本可以用来抗击愚昧、贫困和疾病。我们两国都陷入了危险的恶性循环，在这种循环中，一方的猜疑招来对方的猜疑，而新型武器则招来新型对抗性武器。

总而言之，对于实现正义的真正和平以及停止军备竞赛，美国及其盟国与苏联及其盟国两方面具有共同的浓厚兴趣。就此目的而达成的协定符合苏联和我们的利益。我们可以相信，甚至最敌对的国家也会接受和遵守符合其本身利益的条约义务（仅限于符合其本身利益的条约义务）。

因此，我们既不能对我们之间的分歧视而不见，也应当着眼于我们的共同利益以及可以解决这些分歧的方法。而且，我们即便现在不能消除分歧，至少也可以帮助世界在存在多样性的条件下保持安全。因为我们毕竟都是居住在这个小小的星球上，这是我们最基本的共同利益关系。我们都呼吸着同样的空气，都珍视我们子女的未来，而且我们最终都会离开这个世界。

第三，我们要检讨自己对冷战的态度。要记住我们不是在参加一场辩论，因此没有必要罗列论点。我们不要在这里归咎于人或指手划脚地进行评判。我们必须正视现实的世界，而不要面对假想改写过去 18 年历史之后的世界。

因此，我们必须不懈地寻求和平，寄希望于共产主义集团内部的建设性变革使现在看来我们力所不及的解决方案变得我们力所能及。我们必须以适当的方式处理事务，使为实现真正和平而达成一致的做法符合共产主义者的利益。最重要的是，核大国在捍卫自己的切身利益时，必须避免那些逼迫对方在忍辱退却与核战争之间进行抉择的针锋相对的冲突。在核时代采取这种方针，只能证明我们政策的彻底失败，或者证明我们希望全世界同归于尽。

为了确保达到这些目的，美国的武器是非挑衅性的，是谨慎控制的，是用于威慑的，并且是可以有选择使用的。我们的军队旨在维护和平，具有自我克制的严明纪律性。我们的外交官受命避免不必要的刺激性言论和纯修饰性的敌意言辞。

因此，我们可以在不放松防卫的情况下寻求缓和紧张局势。而且，对我们来说，我们不需要用威胁手段来证明我们多么坚定。我们不需要因惧怕我们的信仰受到侵蚀而干扰外国广播。我们无意将自己的制度强加于任何不情愿者，但我们乐于并且能够与世界上任何国家进行和平竞争。

同时，我们谋求加强联合国，帮助其解决财政问题，使其成为更有效的和平工具，将其发展成真正的世界安全系统.该系统有能力依据法律解决争端，有能力保障大小国家的安全，并且有能力为最终解除武装创造条件。

我们同时谋求维护非共产主义世界的内部和平，这其中许多国

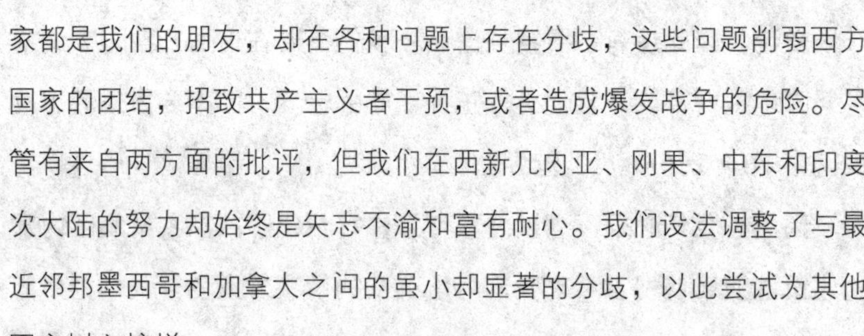

家都是我们的朋友，却在各种问题上存在分歧，这些问题削弱西方国家的团结，招致共产主义者干预，或者造成爆发战争的危险。尽管有来自两方面的批评，但我们在西新几内亚、刚果、中东和印度次大陆的努力却始终是矢志不渝和富有耐心。我们设法调整了与最近邻邦墨西哥和加拿大之间的虽小却显著的分歧，以此尝试为其他国家树立榜样。

说到其他国家，我想阐明一点。我们与许多国家有联盟关系。这些联盟之所以存在，是因为我们双方具有大体上相同的关注点。例如，因为我们具有共同的切身利益，所以我们保卫西欧和西柏林的承诺经久不衰。美国不会以其他国家和人民为代价与苏联做任何交易，不仅因为这些国家是我们的盟友，还因为这些国家的利益与我们的利益相契合。不过，我们利益的契合不仅体现在保卫自由世界的前沿阵地，还体现在追求和平之路。

我们的希望和我们相关政策的目的是促使苏联认识到其本身也应当让各国选择其自己的未来，只要这种选择不妨碍别国的选择。共产主义国家将其政治和经济制度强加于他国的企图是当今世界紧张局势的主要原因。因为，如果所有国家都能避免干涉别国的自主权，则和平无疑会更有保障。

这就需要我们做出新的努力以实现世界法，从而为世界性大讨论提供新的环境。这需要苏联与我们之间加深理解，而加深理解则需要加强接触与沟通。朝此方向发展的一个步骤就是在莫斯科与华盛顿之间开通直接对话线路的建议方案，以避免在危机时刻可能发生一方对另一方行动的危险延迟、误解和误读。

另外，我们一直在日内瓦就其他的一级军控措施进行谈判，以限制军备竞赛的紧张度和减少突发战争的风险。不过，我们对内瓦谈判的首要的长远期盼是全面彻底裁军，这种裁军可以分阶段实现，允许在政治上并行发展，以建立可取代武力的新型和平体系。自20世纪20年代以来，美国政府一直在努力追求裁军。这也是前三届政府一直在迫切追求的目标。无论今天看来前景多么黯淡，我们都要继续努力，为了让包括我国在内的所有国家能够更好地把握裁军方面存在的问题和可能性而继续努力。

这些谈判的最主要内容就是禁止核试验条约，但谈判即将结束，却仍然没有一个迫切需要的新开端。这样一个既近在咫尺又远在天涯的条约，如果能缔结将遏制最危险地区之一的螺旋式军备竞赛。该条约将促使核大国更有效地应对人类在1963年面临的最大隐患之一，即核武器的进一步扩散。该条约将降低爆发战争的可能性，从而提高我们的安全性。此目标无疑非常重要，足以让我们不懈地追求，要求我们既不屈服于诱惑而放弃全部努力，也不屈服于诱惑而放弃我们采取必要且合理的防卫措施的坚决主张。

因此，我借此机会宣布两项有关此方面的重要决定。

第一，赫鲁晓夫主席、麦克米伦首相和我已经同意近期将在莫斯科举行高级别会谈，旨在就全面禁止核试验条约达成前期一致意见。历史的告诫必然会挫伤我们的希望，但是我们的希望寄托着全人类的希望。

第二，为了阐明我们对禁止核试验问题的诚意和严肃信念，我现在声明，只要其他国家不提出在大气层进行核试验，美国就不会这样做。我们不会首先恢复大气层核试验。这样一则声明并不能替代具有约束力的正式条约，但我希望此声明可以帮助我们实现正式条约。这样一个条约也不能替代裁军，但我希望此条约可以帮助我们实现裁军。

最后，美国同胞们，我们要检讨自己对国内和平与自由的态度。我们自己社会的素质与精神必须能够为我们的海外行动提供充分依据与支持。我们必须通过自我献身来表明我们的态度，正如今天毕业的许多人将有难得的机会去奉献你们的年华，到国外和平工作队或拟建的国内国民服务队去无偿服役。

但无论在何处，我们都必须在日常生活中厉行“和平与自由同在”这条古老信念。今天，在我们的很多城市，不健全的自由使和平得不到保障。

地方、州和国家各级政府行政机构有责任在其职权范围内尽一切办法为全体公民提供和保护自由。在这种职权不健全的地方，各级立法机构有责任使其健全。而全国各地的全体公民则有责任尊重他人权利和当地法律。

这一切都与世界和平不无关系。圣经云：“若人之行使上帝满意，甚至敌人也会与之和平相处。”而归根结底，和平基本上不就是人权问题吗？所谓人权就是我们不用担心惨遭涂炭而平安一生的权利，就是我们自由呼吸大自然所赐空气的权利，就是我们子孙后代健康生存的权利。

我们在捍卫国家的利益时，也要捍卫人的利益。而消除战争和武器显然符合这两者的利益。任何条约，无论如何兼顾各方的利益，也无论措辞多么严谨，都不能绝对杜绝弄虚作假和规避责任的风险。但是，如果条约得到充分有效的执行并且充分符合各签约方的利益，那么与经久不衰、难以控制和不可预知的军备竞赛相比，条约提供的安全性要高得多而风险则小得多。

众所周知，美国永远不会挑起战争。我们不需要战争。我们现在不希望发生战争。这一代美国人已经受够了太多的战争、仇恨和压迫。

如果别国想发动战争，我们应当有所准备。我们应当提高警惕，设法制止战争。但我们也应当尽自己的责任去缔造一个弱者安全而强者正义的和平世界。我们面对这项任务不是无可奈何，我们对成功完成这项任务也不是一无所望。我们满怀信心、无所畏惧地继续挺进，不是走向毁灭战略，而是走向和平战略。

第三节 精彩语录

Professor Woodrow Wilson once said that every man sent out from a university should be a man of his nation as well as a man of his time, and I am confident that the men and women who carry the honor of graduating from this institution will continue to give from their lives, from their talents, a high measure of public service and public support.

伍德罗·威尔逊教授曾经说过，大学送出的每个人都应当是国家的人，也应当是其时代的人。我相信，从这所学府光荣毕业的男生和女生会继续奉献其年华和才智，努力服务和扶助大众。

"There are few earthly things more beautiful than a university," wrote John Masefield in his tribute to English universities—and his words are equally true today. He did not refer to towers or to campuses. He admired the splendid beauty of a university, because it was, he said, "a place where those who hate ignorance may strive to know, where those who perceive truth may strive to make others see."

约翰·梅斯菲尔德在其对英国大学的赞美之辞中写道："尘世间很少有事物能与大学媲美。"他的话在今天同样千真万确。他指的不是高耸的塔尖和雄伟的大厦，也不是绿树成荫的校园和攀满藤蔓的墙壁。他说，他赞赏大学的辉煌之美是因为"在这里，憎恨无知者可孜孜求学，谙悉真理者可解惑于人"。

What kind of a peace do we seek? Not a Pax Americana enforced on the world by American weapons of war. Not the peace of the grave or the security of the slave. I am talking about genuine peace, the kind of peace that makes life on earth worth living, and the kind that enables men and nations to grow, and to hope, and build a better life for their children—not merely peace for Americans but peace for all men and women, not merely peace in our time but peace in all time.

我们寻求的是哪种和平？不是靠美国战争武器强加给世界的美式和平，也不是坟墓般的平静或奴隶式的安全。我所说的是名副其实的和平，是那种使世人生活有意义的和平，是那种让人类和国家能够兴旺发达和充满希望并且能够为其子孙创造更美好生活的和平。这不仅是美国人的和平，而是全人类的和平；不仅是我们这个时代的和平，而是永世的和平。

Let us focus instead on a more practical, more attainable

peace, based not on a sudden revolution in human nature but on a gradual evolution in human institutions—on a series of concrete actions and effective agreements which are in the interest of all concerned. There is no single, simple key to this peace; no grand or magic formula to be adopted by one or two powers. Genuine peace must be the product of many nations, the sum of many acts. It must be dynamic, not static, changing to meet the challenge of each new generation. For peace is a process—a way of solving problems.

我们要将精力转而投向一种更实际、更可能实现的和平，这种和平的实现不是依靠人类本性的突然巨变，而是依靠人类习惯的逐渐演化，是依靠符合有关各方利益的一系列具体行动和有效协定。不存在可实现这种和平的简单的不二之法，也没有可供一两个强国采纳的万全之策或万灵之策。真正的和平必须是多国合作和多方行动的产物，必须有动态而非静态的变革才能应对一代又一代的挑战，因为和平是一个过程，是一条解决问题之路。

All this—All this is not unrelated to world peace. "When a man's way please the Lord," the Scriptures tell us, "He maketh even his enemies to be at peace with him." And is not peace, in the last analysis, basically a matter of human rights: the right to live out our lives without fear of devastation; the right to breathe air as nature provided it; the right of future generations to a healthy existence?

这一切都与世界和平不无关系。圣经云：“若人之行使上帝满意，甚至敌人也会与之和平相处。”而归根结底，和平基本上不就是人权问题吗？所谓人权就是我们不用担心惨遭涂炭而平安一生的权利，就是我们自由呼吸大自然所赐空气的权利，就是我们子孙后代健康生存的权利。